管理職のための

学校経営 R-PDCA

esearch lan o heck ction

内発的な改善力を高めるマネジメントサイクル

鳴門教育大学理事・副学長
佐古秀一

明治図書

はじめに：チームとしての学校をつくるために

学校が組織的に教育活動やその改善に取り組むことの必要性については、これまでからもたびたび指摘されている。

例えば、平成２７年１２月２１日に公表された中央教育審議会「チームとしての学校の在り方と今後の改善方策について（答申）」では、チームとしての学校の体制整備が求められる背景を、次のように述べている。

> （略）しかし、子供たちが今後、変化の激しい社会の中で生きていくためには、時代の変化に対応して、子供たちに様々な力を身に付けさせることが求められており、これからもたゆまぬ教育水準の向上が必要である。そのためには、教育課程の改善のみならず、それを実現する学校の体制整備が不可欠である

としつつ、他方では、学校の教育課題が複雑化し、学校や教員だけでは解決困難な課題も増えていると指摘している。

そして、

> 以上のような状況に対応していくためには、個々の教員が個別に教育活動に取り組むのではなく、校長のリーダーシップの下、学校のマネジメントを強化し、組織として教育活動に取り組む体制を創り上げるとともに、必要な指導体制を整備することが必要である。その上で、生徒指導や特別支援教育等を充実していくために、学校や教員が心理や福祉等の専門家（専門スタッフ）や専門機関と連携・分担する体制を整備し、学校の機能を強化していくことが重要である（傍線筆者）

と述べているのである（答申3頁）。

この答申では、今後の教育水準の維持向上ならびに複雑化する教育課題に取り組むためには、教員が個々に教育活動に取り組むのではなく、まず学校において組織として教育活動に取り組む体制をつくるとともに、その上で、専門家や外部機関との連携・分担関係を整え、全体として学校の機能強化を実現すべきという方向性が示されている。

また、平成16年12月20日に公表された中央教育審議会　初等中等教育分科会　教育行財政部会「学校の組織運営に関する作業部会」の審議のまとめでは、次のように指摘している（http://www.mext.go.jp/b_menu/shingi/chukyo/chukyo0/toushin/attach/1382417.htm）。

> それとともに、学校の自主性、自律性を確立するためには、校長のリーダーシップのもと、教職員が一致協力し、組織的、機動的な学校運営が行われなければならない。このような観点から、学校の組織運営の在り方について検討する必要があると考える。（傍線筆者）

このように、学校の組織運営や組織体制整備の在り方として、「組織的」ないし「組織として」取り組むことが強く求められている状況にあることは明らかである。個々の教員が個別に教育活動に取り組むことでは、学校としてそれぞれの子供にしっかりとした学力や社会性を培うことは難しいことは当然である。

ところで、呪文のように繰りかえされている「組織的」に教育活動に取り組むとは、どのようなことをいうのだろうか？

それは、団体競技のように教員が一糸乱れず同様の取組をする学校をいうのだろうか？

か？

また、管理職の指示が末端までとおりその意思にしたがって動く学校のことをいうのだろう

「組織的」という言葉で示される学校の在り方を、抽象的な文言のレベルで思考を停止させるのではなく、「学校で」組織的に取り組むこととはどのようなことなのかを考えることが必要なのではないだろうか。

学校には、組織マネジメントの考え方や手法の導入がすすめられ、今や学校管理職の研修の重要な柱となっている。ＰＤＣＡというマネジメントサイクルは、大半の学校管理職がその言葉を知るところとなっている。また、学校のなかにはＰＤＣＡという文言が溢れている。しかし、それによって学校の教育活動の質的向上が実現しているのだろうか？　またそれは、教員の携わる教育活動とどう接合しうるのだろうか？　ＰＤＣＡという観念から教育活動を整序化するという発想だけでなく、学校や教育活動の特性をふまえて、教員が心をあわせて、協力しあいながら、教育活動とその改善に取り組む学校づくりのためのマネジメントサイクルを探究し、構想することが必要なのではないだろうか？

教育課題が複雑化している現状において、ブラックな職場ともいわれることもある学校を、教職の誇りと手ごたえをもって、教員が一人ひとりの子供に向きあい、実践を探究することができる場とするには、どうすればよいのだろうか？　教員の献身的な努力としてなされて

いる教育実践が、意に反して抱え込みとなってしまい、教員の孤立と閉塞を強めてしまう学校ではなく、実践をとおして教員がつながりを紡ぎあい、教育実践をともにすすめていくことのできる学校づくりは、いかにして可能なのだろうか?

私は、仕事のなかで様々な学校とおつきあいしてきた。学校の様子を知るにつれ、学校の現状は、文献で知ることのできる範囲を越えたものであることを痛感してきた。時には、教員の努力にもかかわらず子供の状況が好転せず、そのなかで何ら力になりえない自分に対して情けなく感じることもあった。また、学校で先生方と一緒に活動をするなかで、困難な子供の状況に向きあい、教員がみずからの実践を問いなおし、協力し支えあって教育活動の改善に取り組んでおられる姿に心を動かされたことも少なくなかった。学校を知るにつけ、学校こそが、子供の成長と発達を大きく左右する場であることは言うに及ばず、人間に対する信頼を培い、地域や社会の安定を支え築いていく拠点として、まさにわが国の基幹的インフラであることを実感させられることもたびたびあった。

私は、鳴門教育大学で各地から派遣されてきた現職教員院生とともに実践研究をすすめる機会に恵まれてきた。そこでは、学校の教育活動としてのまとまり、つながりをつくるとともに、教員が主体的・自律的に教育活動に取り組むことのできる学校づくりについて、大学での同僚や院生と議論を重ね、考え方と方法論を開発してきた（「元気のでる学校づくり」の理論と実践）。その成果にもとづいて、各地の管理職研修などで講演や指導をさせていただいたが、とくに私たちの考え方や方法論に関心をもっていただいた高知県教育センターでは、学校コンサル事業として、実践展開に活用していただいた。そのなかで、垣内守男先生をはじめ、高知県教育センターや、学校コンサル事業でかかわった学校の先生方に、実に多くのことを教えていただいた。あらためて、謝意を表したい。

本書は、上のような問題意識と、実践的な研究開発の知見にもとづいて、学校が組織的に教育活動やその改善に取り組むこととはどのような学校づくりによって可能になるのかを、できるだけ具体的に記そうとしたものである。

佐古　秀一

Contents

第2章　共創ビジョンとR-PDCAサイクルの作成

第Ⅲ部　組織のビジョンと教員のサイクルが元気な学校をつくる：実践例と概念モデル……117

第3章　本書のまとめと理論的な背景

第Ⅰ部 「チームで」がうまくいかない原因を探る

個業型組織としての学校

第1章 「みんながんばっている」のに学校が変わらないのはなぜ？

1 「組織的な」対応とは？

●「学校の荒れ」への対応事例から検討する

本書では、学校が組織的に教育活動の改善を実現するためには、どのような取組が必要かを考えていくが、その前提として、学校を組織としてみた場合にどのような特徴を見いだすことができるかについて考える。このために、ある学校の事例を取り上げる。

以下の事例を一読していただき、この学校の対応の特徴について、みなさんはどうお考えになるだろうか？

なお、この事例は私がかつて訪問した、いくつかの学校での出来事をもとにして管理職研修用の事例として再構成したものである。

事例：みんながんばっているのに

Ａ小学校は、ある大都市の周辺部に位置するベッドタウンに位置している。住民の入れ替わりの大きい校区である。この小学校では、ここ３ヶ年ほど続けて高学年（５年生）で荒れ（いわゆる学級崩壊や子供が落ち着かない状態）が続いている。

前年度４年生であった学年は、１学級３９人であり、児童が落ち着かない状態だった。そこで、新年度になって校長は、加配教員を工面し、新５年生を２学級に分割（１９人と２０人）して学年編成を行うことにした。職員会議にもはかり、教員も賛成した。新５年生の２人の担任は、いずれも教職経験が１５～２０年程度の実績のある教員を充てることにした。

新年度がはじまり、５年生は４月からざわざわした状態であったが、６月頃から授業のエスケープがはじまり、７月頃になって授業の成立が困難になる事態に陥った。校長は、校内で５年生の状態に関する情報共有を試みるとともに、保護者にも連絡をして授業公開なども実施したが、子供の荒れはおさまることがなかった。夏休みが明け、２学期に入ると、授業は成り立たない状態が続き、教員に対するもの投げや学級でのいじめ（特定の女児を対象としたもの）が起こるようになった。それでも担任は、外部（教育研究所など）からのサポートを受けながら、なんとかがんばり続け、３学期を迎えた。

3学期になって、職員室では、「次の6年生（つまり今の5年生）は誰が担任するか？」が大きな関心事になっていた。教員配置の限界から、新6年生は1学級編成にすることが校長から打診されていた。ベテランの教員を中心にして多くの教員は、現在6年担当のB先生に再び6年担任になってもらうことを考えていた。

この学校では、この年度だけでなく、前年度も、また前々年度も、高学年で学級が落ち着かない状態になっている。B先生は、この学校の「エース」級で、昨年度も荒れていた5年生を引き継いでこの年度の6年生の担任となり、無事に学年末まで持ちこたえ、卒業式を迎えようとしている。

この学校の教員はほぼ全員が、高学年だけでなく、どの学級も担任が苦労していると認識している。「この学校の子供はむずかしい。どの教員も大変」というのが、教員に共通した意識である。それとともに、「だからこそ、一人ひとりの担任がしっかり指導力を発揮し、子供を指導していくしかない」と考えている。

校長は、このB先生に来年度も6年生の担任を受けてくれるよう、依頼しようと考えた。

この事例について、次の点を補足しておく。

この学校は、高学年（5年生）の荒れに対して、放置してきたわけではない。学校としていくつかの対応をしている。主なものを整理しておく。

第一に、**問題の学年が5年生に進級する前年度にすでに対応**を考えている。それは、4年生のときにすでに学級が落ち着かない状態になった。その段階ではそれほど深刻なものではなかったが、39人という人数であったので、5年生になったときの学級の状態が危惧された。そこで校長は、前年度末の職員会議で新年度の5年生については、加配教員を工面して、学校の措置として新5年生を2学級に分割して編成することを説明し、教員の理解を求めている。職員会議では反対意見はなかった。新年度には5年生は2学級編成でスタートしている。

第二に、**教員の情報共有への対応**である。新年度が始まって後、1学期の中頃から5年生のざわつきが顕在化した後の対応であるが、まず職員会議で5年生の状況について教員が情報を共有しておくことが必要であると判断し、その状況について担任が説明することを複数回行っている。あわせて学級が落ち着かない状況になったことから、管理職（校長、教頭）が2つの学級のサポートに入っている。

第三に、**保護者への説明ならびに子供への働きかけ**である。1学期の後半に5年生の荒れがひどくなった頃、臨時の学年保護者会を開いている。そこで学校の状況を説明するとともに、保護者の協力を求めている。一部の保護者からは、校長に対して適切な対応を求める要望が出された。校長は学校の力だけではなく保護者の協力も得て事態の改善をはかるべきだとの思いから、保護者に自由に学校に来て授業場面をみてもらうことを決定し、授業を公開実施している。

第四に、**外部からの支援の導入**である。2学期になって、当初は運動会の練習が多くの時間を占めていたことから、子供たちの荒れは比較的沈静化していた。しかしながら、運動会が終了した後、通常の授業に戻ると、荒れは再び激しさを増してピークを迎えた。校長は教育委員会にも協力を求め、指導主事に担任に対するサポートを依頼して、指導主事が授業や学級経営について担任と話しあい、アドバイスを行うようになった。指導主事が子供に直接指導することもあった。これにより、子供の荒れは沈静化する傾向を示している。

第五に、**次年度の対応**である。年度末を迎える頃になると、新6年生の編成と誰を担任に充てるかが学校内の関心事となった。校長は、教員配置の問題などから5年生のように2学級分割はできないので6年生では1学級に戻すことを決定して、教員に伝えている。

この難局に、力のある現6年担任に、次年度も6年生を担当してもらうことで乗り切ろうとする意見をもつ教員も少なくなかった。校長もすでに実績のあるエースの現6年生担任を再度6年担任に起用しようと考えたのである。

●「組織的な」対応とは何か考える

私はこの事例や類似の事例を管理職研修などで研修資料として用いて、そこで学校の対応の特徴について、意見を聞くことがこれまでにもあった。

教頭先生たちの研修で、多くみられる意見は、

・この学校の対応は、「組織的な」対応になっていない。
・学級担任まかせになっている。
・その場しのぎの対応に終わっている。

などである。

同時に、事例についての感想を聞くと、

・かつて経験した学校でもこれに似たことがあった。
・自分の学校もこのような対応をしているように思う。

など、事例と類似の経験があることを述べられることもしばしばあった。

つまり、教員が組織的に対応しているとはいえないとの評価とともに、そのような状況が身近なものとして感じられるということがうかがえることがしばしばあった。

さて、この事例に関して「組織的でない」という見解に対して、仮に事例の学校の管理職が以下のように説明（反論）したら、みなさんはどのようにお考えになるだろうか？


この学校では、限られた教員をやりくりして、しかも教員の合意を得た上で、5年生を2学級に分割する措置も行っている。6年生にはエース級の教員を配置して荒れた学級の回復をはかることも行っている。これは、教員の持ち味を勘案して適材適所で学校を運営することである。教員への説明と情報共有、ならびに保護者への説明なども、必要に応じて実施している。

これらは、まさに組織的に対応してきたことの証左ではないか？

みなさんの学校では、ここまでふみこんだ全校的なレベルでの対応はできるのだろうか？

担任まかせになっていることについては、この学校の子供の状況から、どの学級担任も自分の学級のことで精一杯の状態なのだから、それぞれの担任が指導力を発揮して子供の教育にあたることしかないのではないだろうか？

それぞれの教員が力量を高め、それによって困難を乗り越えていくことこそが、この学校に限らず、今の学校では必要なのではないか？

それでも、この学校の対応には何か問題があるというのだろうか？

2 「エースで乗り切る」が常套手段となっている？

●問題対応型—個人の力で乗り切る

この学校の対応でまず気づくことは、「個々の先生の力（個人的な力量）で問題解決にあたること」を基本として対応がなされてきたことである。

これについてはまず、前年度に2学級分割にふみ切ったことからも示唆されるところである。いうまでもなく、学級規模を小さくして、一定の力のある先生を配置すれば乗り切れるという発想のもとで選択された方策である。学級分割については、ある意味で予防的な措置であるが、それは規模を小さくすることによって、担任の力だけで対応可能な状況に仕切りなおすということであって、学校の教育活動を組織的に見なおすなかで取り上げられたものではない。

そして、個人の力量で乗り切る方策が顕著に示されるのは、次年度の6年生の担任問題である。次年度の6年生（現5年生）担任については、学校のエース級の教員を充てることが考えられている。2学級分割でも荒れが深刻化し、さらに1学級に編成される新6年生については、いわば「エース投入」で乗り切る方策が考慮されている。これも、教員個人の力量に依存して問題を解決する傾向の表れと捉えることができる。

前年度についても、この「エースで乗り切り」、6年生が無事卒業しているのであるから、これはこの学校の成功パターンである。したがって、子供の荒れを防いで小学校を終えることという観点からは、手堅い選択であるといえるかもしれない。

これに関連して、「子供がむずかしくなってきている」という意識を同様に持ち合っている教員が、同時に「だから、それぞれの教員ががんばって自分の学級を指導する」ことを是とする意識と行動を示していることが特徴的である。だからこそ、上に述べた個人の力量で乗り切る解決方策については、教員も支持し続けたのである。

これらのことからこの事例では、問題の解決には、個々の教員のがんばり（力量）で乗り切っていくことが基本とされ、それが管理職だけでなく教員にも共有されていたこと、つまり、この学校では「当たり前」のこととして受けとめられていたと考えられる。

組織のなかで、組織の構成員が当然のこととして共有している行動基準や規範を、「組織文化」と呼ぶことがあるが、この事例でいえば、「教員個々の力量で乗り切ること」は、この学校の組織文化としてはたらき、学校の問題解決を方向づけていたといえる。

●課題探究型―子供の姿の背景から見なおす

もう一点、この事例の特徴を考えてみよう。

それは、この学校が子供の荒れという問題に対して、どのような局面（レベル）で対応しようとしていたかということである。

考慮すべき事項は、高学年になると学級が落ち着かない状態が、3年続けて生じている点だろう。つまり、同様の事実（高学年で落ち着かなくなるという子供の実態）が継続して生じている点である。このことは、その年度限りのいわば偶発的な問題であるにとどまらず、この学校にはなんらかの教育活動に関する課題があることを示唆していると捉えることができる。つまり、当該学年の問題だけではなく、なんらかの学校の教育活動に改善すべき点があることを示しているのではないだろうか。だからこそ、高学年での問題が継続しているのではないだろうか。

例えば、1年生からの学級づくりや集団づくり、教員と子供の人間関係のつくり方、あるいは授業づくりなどに見なおすべき問題があるのではないだろうか。仮に子供にとってわかりにくい授業や、効力を感じることができない授業が低学年から続き、授業への不満や理解のしづらさがもとで高学年で荒れることが生じているとすれば、これは高学年だけの問題ではないことは当然である。まさに、全校で授業改善に取り組むべき課題となるのである。

このような点をふまえて、学校で問題として対象化するレベルについて整理してみよう。

一つ目には、**現に生じている目の前の子供の問題（この場合には荒れ）をなんとかし（おさえ）ようとして、対応を行う問題解決の方法**がある。そして、二つ目には、**目の前の子供の姿の背景にある、もしくはその根っこにある課題を探究してそこから問題解決をはかろうとする方法**がある。

第一のタイプは、生起した問題に対してその問題をおさえることをねらった解決方策である。上の事例では、子供に生じている困難な事態を、それをおさえる教師の投入で乗り越えようとしている。なぜこのようなことが繰り返されるのか、その要因は何か、学校としてはどのように教育活動を改善すべきか、つまり、困難な事態の要因や背景について探究することなく、問題をおさえるための手だてを選択していると考えられる。問題をおさえる有効な手法を投入しようとしているが、問題の要因や背景、学校教育の課題の解決には及んでいない方策である。これを仮にタイプⅠの解決様式としておこう。

第二のタイプは、なぜこの学校で高学年の荒れが繰り返されるのか、そのことの要因や背景を考え、そこに手を打とうとするやり方である。仮に、この学校で想定される主要因が、学校の授業のスタイルが子供にとって興味・関心を引くものではなく、そのような授業が低学年の頃から続き、授業に対する関心が低下するだけでなく、不満が増大し、高学年の荒れ（あるいは授業からの離脱）をもたらしていると考えられるのであれば、学校全体で授業スタイルを見なおし、それを改善し、すすめねばならないだろう。そのような問題解決の方法を、ここではタイプⅡの解決様式としておこう。

これらタイプⅠとⅡの問題解決様式の違いを示したものが、図1である。

すでに説明してきたように、タイプⅠとⅡ

図1

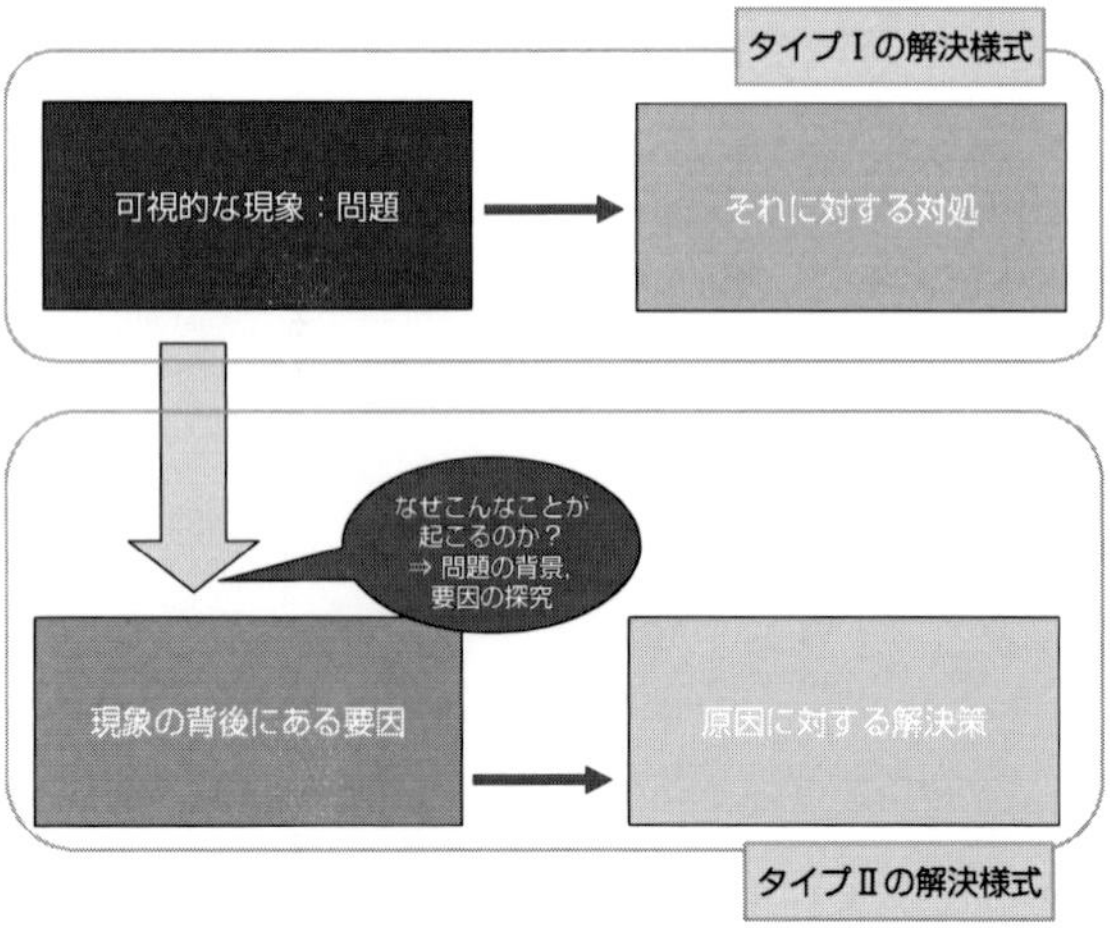

の違いは、学校が直面している問題について、それをただちにおさえるための方策を導入しようとするか、その問題を生じさせている要因、背景をいったん探究するかどうか、にある。前者は、学校の教育活動を組織的に変更・改善することは必ずしも必要ではなく、問題が治まればよしとされるが、後者は、子供に関する問題を学校教育の課題の表れと捉え、そこからみずからの教育を見なおし、改善・修正することを試みようとするのである。したがって、**タイプⅠは問題対応型であるのに対して、タイプⅡは課題探究型の解決様式**であるといえる。

事例の対応様式は、タイプⅠの解決方法であるといえる。おさえることのできる教員の投入で、その年度の学級を安定させようとするものであって、なぜそのような状態が毎年のように続くのか、子供の実態の底にある要因については探究がなされていない。したがって問題解決は、組織的なものとはならず、担当する教員個人のものに限定される。

このように整理していくと、この事例の対応を特徴づける2つの傾向、すなわち、**「教員個人の力量で乗り切る」**ことと、**「問題対応型の解決様式」**は相互に関連していることがわかる。教員個人の力量にまかせることによって、子供の問題は、担当教員が解決すべき事柄として限定されたものとなり、その結果、学校全体で教育活動を見なおしたり、その在り方を考えたりすることがなされなくなるのである。組織全体の課題を見いだすのではなく、個人で解決すべき問題として位置づけられ、したがって学校全体の教育は変わることなく継続する。だからこそ、問題も繰り返し生起するとみることができる。

ただし、ここで述べておかねばならないことは、力のある教員にまかせて問題解決を行うことは、決してすべて否定されるべきことではないということである。学校の状況によっては、エースで乗り切ることが必要かつ適切な場合が多々あるということである。本章の事例でも、次年度担任を実績のあるエース教員に委ねることは、この学校の状況からみて、当面の措置としては必要なことであったと思われる。この事例以外であっても、学校の実際的場面では、教員の個人的力量で乗り切ることが求められる事態が多々あると思われる。そのことは一概に否定されるべきではない。

しかし、同時に留意すべきことは、個人の力量で乗り切ることが常套手段となっている学校では、子供の実態から学校全体の問題を捉えなおしたり、教育活動を見なおしたりすることができなくなってしまうことである。むしろ子供の実態として見えている問題は、担当教員が対応するべき問題であって、学校としては考えなくてもよい問題とされる。つまり、担当者以外誰も自分のこととして考えなくてもよい事柄となってしまうのである。

このことがもたらす帰結は、学校として教育活動の改善に取り組む必要性が認識されない学校、あるいは誰もそのことについては考えなくてもよい学校となることである。これは学校としての改善力が失われた状態に陥ることである。このことが、この事例の対応における最も大きな問題点であるといえる。

第2章 「組織」として学校をながめてみよう

1　一般的な組織の特徴とは？

●「組織構造論」から学校の組織を考える

このような個人の力量にもっぱら依存して問題の解決をはかろうとする傾向は、上の事例に限定されたことなのだろうか？

私が上の事例を管理職研修で用いて、主に教頭先生たちと議論をするなかで、このような学校の状況に類する経験があるという意見や感想が出ることがある（佐古・大林・藤井２０１６）。教員一人ひとりがみずからの力量で乗り切っていくという考え方は、広く学校に浸透していると思われる。

教員一人ひとりが子供に向きあい、懸命に努力することは、それ自体、学校教育の質を維持向上させる上で不可欠なことである。ただし考えるべきは、教員が相互のつながりや連携もなく、また学校として取り組むべき課題の共有もなく、孤立して取り組まざるをえない状況をもたらしてしまうことである。個々の教員のがんばりが、その教員に閉じたものとなってしまい、子供の課題の解決に至らない状態を生み出してしまうこと、また教員自身も、閉塞的な状況のなかでがんばり続けなければならないこと、これらのことが問題なのである。

ここで、組織としてみた場合の学校の特徴という観点から、この点についてさらに考えることにしたい。

まず、学校という組織の特徴を理解するために、組織の一般的な理論（官僚制組織理論やそこから展開された組織構造論）を鏡として、学校の組織を考えてみよう。

私たちが生活する社会には、「組織」が満ちている。工場、会社、役所、病院、などなど。現代の社会では、組織と無縁に生活することはほとんど不可能である。

ところで、これら組織に関する理論のなかで、おそらく最も基本的な理論の一つが、「官僚制組織理論」である。官僚制とは名づけられているが、純粋の官僚組織、すなわち官庁だけにあてはまるものではなく、組織に関する典型的な理論として知られている。さらにこの官僚制組織理論をふまえて、組織における人と人とのつながり、関係の特徴について整理したものが「組織構造論」である。ここでは、この組織構造論の考え方にもとづいて、まず組織の一般的な姿、形について述べておこう。

一般に組織の構造上の特徴、つまり人と人のつながり方の特徴について、以下の４つの観点が示されている。

・成層化：職位を階層化すること。段階の度合い
・集権化：職位上位者へ権限を集めること
・公式化（標準化）：職務遂行の手順を標準化すること
・複雑性：組織構成員の専門性が多様であること
（★ヘイグら（1965）、シルバー（1986）をもとにした）

抽象的な言葉が並んでいるが、これらのことは、身近にある様々な組織を思い浮かべると理解しやすい。

例えば、工場組織を想定してみよう。そこでは、工場長から現場で作業をする作業者まで様々なポジションの従業員が配置されており、上位者が複数の人間を管理監督する権限と責任を有している（成層化と集権化）。その結果、組織の職位と構成員の配置を示した組織図で示される形は、いわゆるピラミッド型をなす。また、工場では製品を作り上げるために、工程が区分され、それぞれの工程に担当者が配置されている。作業に従事する人は、自分が担当する仕事の内容が明確に決められていて（例えば特定の部品を取りつけるなど）、その作業の進め方は一定のルールによってなされ、定められた手順にしたがって職務を行うことが期待される（標準化もしくは規格化）。これによって、作業

図2

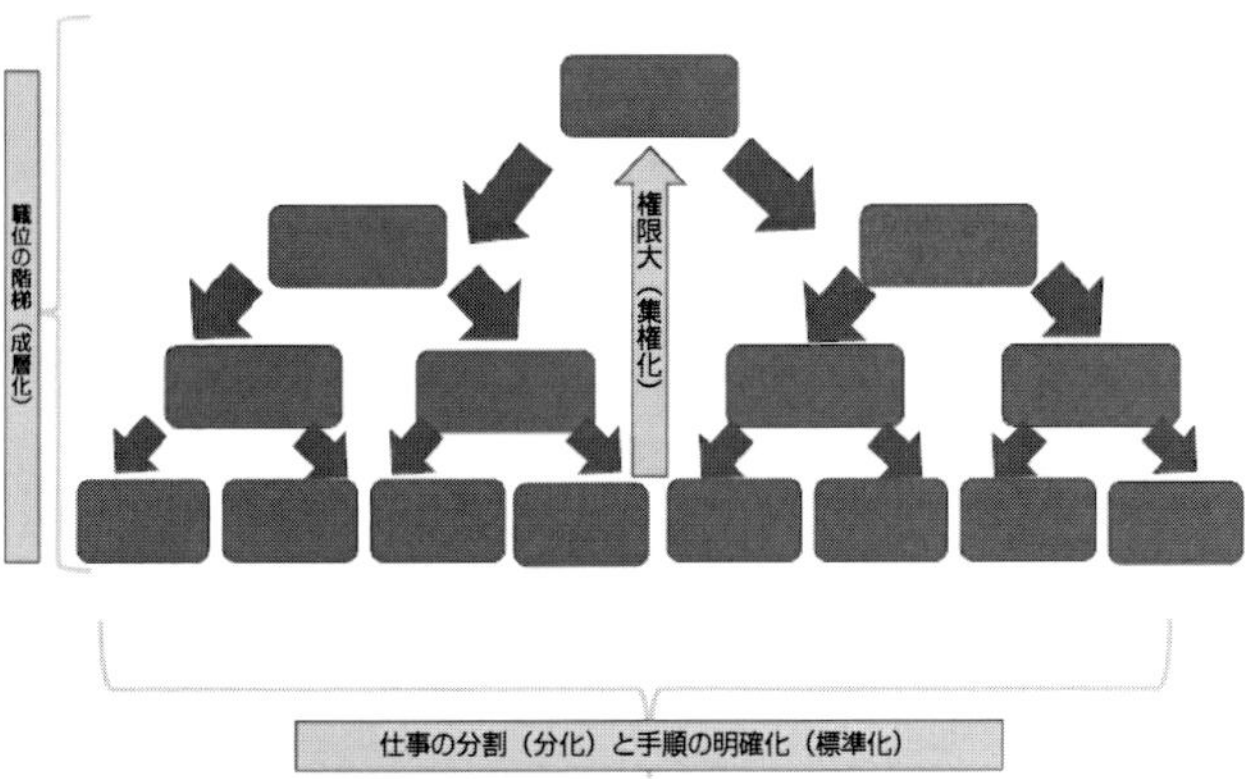

者の如何にかかわらず、一定の作業プロセスと結果（完成品）が保証される。

このような組織像は、やや古典的な印象を受けるが、会社や役所など非製造組織を想定してもあてはまるところが多い。組織は、基本的には分業と統合によって、構成員の仕事を分割し、同時にそれらを結びつけ、統合させることで、個人では対応できない仕事（例えば自動車をつくるなど）を実現している。それとともに一定の製品の質を維持しているといえる。つまり、一定の質のアウトプットを効率的に実現するための仕組みとして組織は組み立てられている。

このような組織においては、そのなかの個人は、組織で定められた仕事の範囲において、手順どおりの仕事を行うことが求められる。

例えば、工場で箱詰めを担当する人のことを考えてみよう。この人には、会社もしくは工場で定められたとおりの詰め方で作業を行うことが求められる。ここでこの担当が自分の判断で「よい」と思う手順（工場の作業手順とは異なる方法）で作業をしたとしよう。このことは許容されるだろうか？　そのことを監督者が気づいたとしたら、監督者は注意を与え、定められたとおりの手順にしたがうように指示するだろう。それでもしたがわない場合には、なんらかの措置（注意だけでなく、作業から外すなどの措置）をとるだろう。

たとえそれが、作業者が個人的にはいくら「よい」と思う方法であっても。

これでわかるように、上で説明した組織の姿・形の原理から、上位者による下位者に対する管理監督の正統性が裏づけられる。作業者が明示されている仕事の範囲を逸脱したり、定められた手順にしたがわなかったりする場合、監督者はそれに対して注意したり、罰を加えたりすることができる。これは上位者の感情や恣意にもとづく行為ではなく、組織のアウトプットの質の保証や安全性などを害する行為に対する管理監督という点でなされる。そして、そのような権限が上位者に付与されているのである。

組織（官僚制型組織）は、作業の遂行に関して構成員が恣意や私的選好（個人的な思いや組織で期待されたものとは異なる個人的に選択した方法など）を持ちこむことを排除する仕組みでもある。つまり組織は、構成員の個人的な思いや好みを組織内に持ちこむことを合理的に排除する仕組みとして動いていて、それによって組織はその目的（例えば良質な製品を提供すること）を効率的・安定的に達成することができるといえる。

2　学校の組織の特徴とは？

●一般的な組織の姿・形と対比して学校の特徴を整理する

それでは、以上の一般的な姿・形と対比したとき、学校はどのような特徴を有しているのだろうか？　法制度的な側面から、まず整理してみよう。

学校教育法では、学校の職員構成と担うべき役割について、以下のように規定している。

> 学校教育法第37条【職員】（一部抜粋）
>
> 小学校には、校長、教頭、教諭、養護教諭及び事務職員を置かなければならない。
>
> ④校長は、校務をつかさどり、所属職員を監督する。
>
> ⑤副校長は、校長を助け、命を受けて校務をつかさどる。
>
> ⑦教頭は、校長（副校長を置く小学校にあっては、校長及び副校長）を助け、校務を整理し、及び必要に応じ児童の教育をつかさどる。
>
> ⑨主幹教諭は、校長（副校長を置く小学校にあっては、校長及び副校長）及び教頭を助け、命を受けて校務の一部を整理し、並びに児童の教育をつかさどる。

⑩指導教諭は、児童の教育をつかさどり、並びに教諭その他の職員に対して、教育指導の改善及び充実のために必要な指導及び助言を行う。
⑪教諭は、児童の教育をつかさどる。
（以上の規定は、中学校、高等学校、中等教育学校、特別支援学校に準用）

以上の規定から、学校の教員組織も校長の権限のもとで階層的な構造をなし、校長の校務掌理権のもとでライン系列が構成されていることがわかる。この点では、上に述べた一般的な組織の姿と符合する側面を学校は有している（成層化、集権化）。さらに例えば、各クラスの担任などが明示され、担任教員を割り当てているなどについても、組織の一般的な姿と類似した側面であるといえる。

だからといって、学校は一般的な組織の姿と合致しているかというと、疑問が残る。前述したように、組織において個人が求められる役割は、決められたことを決められたとおりに実行することである（標準化）。この点が教育活動を遂行する学校においては、なかなかあてはまりにくいところではないだろうか。

もちろん、学校においてもこのことが妥当する側面をみいだすことができる。生徒指導や授業規律の領域などではそれにあてはまる側面があるかもしれない。しかし、学校の教育活動は、決められたことを決められたとおりに行うことをもって、よしとできるものではない。

●学校のエピソードから教職の特徴、専門性と組織を学ぶ

この点について、２００４年度から４年間程度、校内研修に関与した学校のエピソードを紹介しよう（詳細は、佐古・山沖２００９）。

事例：繰り上がり計算で大議論

この学校では、２００２年度から学力向上に取り組んでいたが、２００４年度から学校の取り組み方を見直している。学力向上を学級の平均点を上げるというアプローチではなく、教員からみて「学力が低迷していて、なんとか伸びてほしい子供」をターゲットにして、指導改善を積み上げていこうとするアプローチへ修正したのであった。そのため、各教員が「伸びてほしい子供の学力実態とその子供に対する指導の状況を具体的に報告すること、そして指導の工夫によって子供がどう変わったかをしっかり捉えること」に取り組んだ。

このため、校内研修の持ち方にも工夫を加えた（校内研修の方法論については、第Ⅲ部参照）。

各教員は、自分の担当する学級や授業などで「伸びてほしい子供」の学力の事実をまず具体的に把握することを徹底することから着手することにした。そして、どこでつまずいているのか、それに関して教員がどのような指導を行ったか、さらに指導の工夫とそれに対する子供の反応はどうだったかを、簡単なメモとして記録することとした。それから校内研修のなかに、このメモを交流しあう研修会をもつことにした。メモは、子供の反応や変容について、他の教員に伝えたいことを中心に、全教員が作成することとした。研修会では、教員が小集団に分かれて実践交流を行い、その後全体のシェアリングを行うようにした。研修は1学期に2、3回程度実施された。

２００４年度末の研修会で、低学年担当の教員から、算数での繰り上がり計算でのつまずきについて報告があった。低学年担当から、教科書で示されている計算方法では、どうしても繰り上がりのある計算ができない子供が学級に残ってしまうことが報告された。担当教員から、教科書に準拠した指導方法についての説明がなされ、それにもとづいたきめ細かい指導を行ったことが説明された。にもかかわらず、そのような教科書に準拠した方法では、計算できない子供が残ってしまう。ところが、それらの子供が繰り上がりのある計算ができないかというと、そうではないことがわかったという報告だった。

つまり、ドリルの問題は解けることがわかった。教員が注意深くチェックすると、唱え算や指折り算を使いながら計算できる（答えを出せる）という。低学年担当の教員は、このようなことをメモをもとに説明し、次の疑問を他の教員に投げかけた。「これらの子供は、繰り上がり計算ができていると判断してよいのだろうか。これらの子供にどのように指導したらよいのだろうか？」

校内研修では、他の教員からみずからの経験も含めて、多様な意見が出された。あくまでも標準的な計算方法の習得を徹底させるべきか、計算ができていることを認めて先に進めるかについて、先生方が意見や経験を熱心に述べあった。この年度は、高学年の教員からの意見（「計算のパターンに習熟するようになれば、指折り計算や数え足しなどもなくなってくる」）などもあって、教科書に準拠した計算方法の徹底にこだわらず、先に進めてもよいのではないか、というところに落ち着いた。

ところが、翌年度の実践交流型の研修でも、低学年担任から、子供のつまずきと学力状況の具体の報告として、まったく同様のメモが提出された。そしてこの年度も、校内研修で議論となった。その上で、やはり教員がこれまでの経過もふまえて議論を行い、教科書準拠の計算方法に習熟することが必要であるとの意見でまとまった。ただし、繰り上がりの計算に関する標準的な（教科書準拠の）方法で子供が計算に習熟するためには、現状以上の配当時間が必要となることを確認し、このことを低学年担当に配慮することなどが、校内研修で話しあわれた。

この事例は教育活動の特質について、いくつかのことを示唆しているように思われる。

第一は、本章での議論に関することであるが、**標準的な方法どおりに丁寧に指導していても、それで終わらないという事態が、教室では当たり前のように生じるということ**である。この学校で低学年担当から問題提起がなされたように、教科書に準拠した方法で丁寧に指導したとしても、それでは「わからない」「できない」子供が存在することである。標準的な方法を実践すればそれで終わりということではなく、それでは済まないことが生じるのである。公教育の現場では、このことはまれではなく、おそらく日常的なことだろう。

第二は、**教員の専門性に関すること**である。標準的な指導方法を確実に教室で実践できることは、教員の専門性として重要な事項である。しかしながら、教員の専門性はそれにとどまるものではない。この例でもわかるように、教員は標準的な指導方法では済まないことについて、まさに考え、対応していかねばならない。そうすることによって、標準的な指導方法によってはできない、わからない子供も、そこで諦められることがない。どうすれば理解できるか、どうすれば先に進むことができるかを考え、関わってくれる教員がそこに存在するからである。

だからこそ、標準的な方法ではできない子供も、救われる（できるようになる）可能性が開けていく。教員の専門性は、単に決められたことをそのとおりにこなしていくことにとどまるのではなく、それにあてはまらない子供、それではわからない子供について、その子供の理解とその子供に対する関わり方を探究し、実践するところまでを含むものとして捉えなければならない。子供には様々な思考や理解の仕方に個性があり、またそれまでの既有知識の違いもある。たとえ標準的な方法を採用して丁寧に指導しても、なお、それでも「わからない」「できない」子供がいること、そしてそのような子供にどう関わることができるか、そこに教員として様々な創意工夫が求められるのである。「指示をこなす」実践では、子供の実態をふまえた教育活動を展開することは不可能だろう。

第三は、**考えあい、探究しあう教員集団の存在**である。おそらく上の例でも、低学年担当教員が一人で抱えこんでいただけでは、繰り上がりのできない子供の理解と対応を考えていくことは、むずかしいものとなっていただろう。上の事例では、特定の学級の子供について、他の先生方が我が事のように、大変熱心に話しあわれていたことが特徴的であった。担任にまかせ、そのがんばりだけで乗り切る学校とは異なり、できない子供の理由や指導方法について教員が協力して考え、子供をどう理解すればよいか、どう関わればよいかを、まさに全員で考えることがなされていた。担任教員にとっては、多くの教員の経験や考え方を得ることができる学校であったといえる。そして、なによりも子供への関わり方について校内での検討を経たことによって、みずからの子供への関わり方について教員集団からの示唆と理解を得ることができた。また、その他の教員にとっても、低学力に陥ってしまいがちな子供の特徴や指導の留意点を共有することが可能になったと思われる。

さて、本章の議論に戻ろう。この例から示唆されるように、教育活動は、「決められたことを決められたとおりに行うこと」では完結しない。あるいは、決められたことの先から教員の専門性が求められるといえる。

組織の一般的な姿・形を構成している要素としての、職務の標準化あるいは規格化は、教育活動の場合、限定的な範囲でしかあてはまらないようである。子供が多様な背景と特徴を有していること、したがって標準的な手順があったとしても、それで済ますことができないとすれば、教育活動の具体の局面においては、教員の判断や工夫が不可欠になる。

つまり学校は、仕事の仕方を組織として厳格に定め、統制することで動くことのできる組織ではなく、その場そのときの教員の創意や工夫、すなわち「裁量」で動いている組織なのである。**教育活動（授業や学級経営）は、組織的に統制しきれるものではなく、教員が「裁量」（その都度の判断や選択）を働かさざるをえない仕事**であるといえる。

法制的な規定やそれにもとづく学校の姿は、成層化や集権化などの特徴を有しているかのようにみえるが、学校の主要な仕事である教育活動の遂行についてみると、個々の教員それぞれの判断や知識・スキルに委ねてなされているところが少なくない。すなわち教育の仕事は、教員の裁量によって遂行せざるをえない部分を抜くことができず、またその部分に教員の仕事の重要性があると考えられる。

3　学校はバラバラになることが当たり前の組織？

●各担任まかせになりがちな傾向を理解する

教員それぞれの裁量を不可欠とすることから、学校という組織は特徴的な姿を示している。

第一には、**組織のタテのつながりが弱いこと**である。各教室での教育活動については、管理職からの直接的な管理監督が及びにくい。これについては、授業が各教室に分かれてかつ分離された空間で行われているため授業をモニターしづらいことも関係しているが、それだけでなく、教育活動の具体（授業や学級経営など）については仕事のすすめ方の標準化が困難であり、教員の裁量に委ねて仕事がなされていることから、そのことに立脚した管理監督を行うこと自体むずかしいことを指摘できる。校長といえども、教室で行われている授業について感想や助言を伝えることはできても、指示や管理監督を行うことはむずかしい（その授業が学級の状況に応じた授業展開であることなどを説明されれば、それ以上の介入はむずかしいだろう）。多くは、校長としてではなく先輩教員として授業についての感想を述べたり、助言することとして関わったりすることが通例ではないだろうか。

もちろん、教員としての服務規律に関する問題などについては（例えば授業時数そのものが確保できていない、授業における子供との対応に体罰を疑われるところがあるなど）、校長として指示をしたり、厳正な処置をとったりすることが求められることはいうまでもないところである。ここで問題としているのは、教育活動（授業や学級経営）の中身に関することであり、これについては上位者による権限行使や具体的な管理監督は、きわめて困難な状況にあるといえる。

第二には、**組織のヨコのつながりも弱くなること**である。教員の裁量による仕事の遂行という特徴は、同僚教員の間のつながりも希薄にさせる可能性を有している。上の事例の学校のように、実践情報の交流共有の工夫を行っている学校は別として、学校では、となりの教室でどのような授業を行っていても、それとは切り離された形で自分の学級の授業を構想、実施できる。そしてそれぞれの教員は、自分の思いや方法で具体の授業を設計して実践することができる。学級経営も同様である。結局のところ、学校では「私は私、あなたはあなた」で授業を行うこと、あるいは学級経営を行うことが可能な状況になりやすい。各担任まかせになりがちな組織である。

第三には、**教員の仕事の仕方やそれに関する意識（教職観）が自己完結的になること**である。つまり自己完結型教職観とは、自分の仕事（授業や学級経営）を自分の力だけで乗り切るべきことであり、それが望ましいとする意識と行動をさしている。前章の事例は、この教職観のもとでの学校の動きをよく示しているといえるが、これは教員の個人的な特質ではなく、あくまでも学校という組織の特質である。つまり、それぞれの教室で分かれて教育活動がなされていることや、個人の力量で乗り切ることを前提とした仕事のすすめ方や経営がなされていることから生じている意識と行動である。その点からみると、自己完結型教職観は、学校という組織において教員に共有されている意識と行動であり、学校文化の一側面を表しているといえる。

それぞれの教員が、他の教員とは切り離された形で、自分が担当する仕事（例えば学級での授業や学級経営など）について専念し、個人の経験や知識・スキルで対応しようとする組織の状況を、**「個業型組織」**と呼ぶ（佐古２００６）。

先にも述べたように構造的・形態的には学校は組織としての姿を有しているが、学校の主要な仕事である授業や学級経営の遂行に関しては、個々の教員がそれぞれに自分の学級や教科で自分の力でがんばって乗り切ることがなされている。かつ個々の教員の裁量によって遂行することから、組織的に教育活動を展開することの関心や必要性がおさえられ、個々の教員による並列的で拡散した活動になりがちである。そして一般の組織が実現しているような上位者の統制による仕事の管理や、組織の構成メンバーの間での職務遂行に関する密接な関連性などは、学校の場合は希薄になる傾向にあるといえる。

このように、学校は、一面では官僚制的な構造を保持しているが、教育活動遂行の側面では、各教員がそれぞれに一人でがんばることを当たり前とする組織になりがちであり、それゆえ、バラバラになることが当たり前（常態）となる組織であるといえる。

これまでの議論を簡単に要約しておく。

学校は、その主要な仕事である、教育活動がもつ不確定性（対象となる子供の多様性と変動性、教育の目標の多義性と多様性、用いるべき方法の多様性など）のため、教育活動を具体に展開する局面では、どうしても教員の裁量を必要とする（先生方の判断、個人的知識やスキルで対応することが求められる）。そのため学校は、制度的には校長の包括的な権限が定められ、そのもとでライン系列が設置されているが、同時に教育活動（授業や学級経営）は、組織的な統制にもとづく遂行というよりも、教員の個別分散的な遂行になりがちである。つまり、教員が個々それぞれに、自分の思いや知識・スキルに専ら依拠して、それぞれ担当する学級や教科の教育活動を行う。個々の教員による個別分散的で自己完結的な職務の遂行を特徴とする組織を、個業型組織と呼ぶ。

ところで、学校がこのような個業型組織として維持されていることについては、以下のようなメリットがあると思われる。

・教員の個性や自由な工夫が発揮しやすい。

すでに述べたように、教育活動については、その内容を管理監督できるほど標準化がなされにくい。このことは組織的な統制が及びにくい反面、個々の教員がそれぞれの教室で、子供の状況などに応じて工夫することを可能にしている。また、教員がそれぞれの経験や考え方にもとづいて、教育活動を展開しやすい組織的環境であるといえる。

教員が教育活動上の裁量を有し、そのことから教育活動に個人的な工夫を発揮することは、教員のやりがいにもつながるところだろう。

・組織（学校）のある部分の問題が他へ波及することをおさえることができる（問題の限定化）。

工場など、お互いの仕事が緊密に結びついてなされている組織では、他の担当者の仕事のすすめ方が自分の仕事のすすめ方にただちに影響を及ぼす。例えば箱詰め作業では、先行する箱をつくる工程の遅れが、詰める作業にただちに影響を与える。しかし学校では、ある学級での授業の成否が、となりの教室の授業に与える影響はそれほど直接的なものではない。したがって、問題が発生しても、組織の一部分に限定しておくことが可能となる。

他方、個業型組織には、次のようなデメリットが考えられる。

・教員の個人的力量を越えた問題に対して対応することが困難となる。

第1章の事例でもわかるように、個業型組織は個々の教員の範囲で取り扱える問題に対しては機能的に対応できるが、それを越える問題については極めて脆弱である。

・教員の個人的な思いや方法に流されやすい。

個業型組織のメリットでもある教員が個性的な教育活動を展開しやすいということは、学校教育が、個々の教員の思いや知識によって方向づけられる可能性があることを意味する。本来、学校教育は公共的な営みであるべきであるが、個業型組織においては、個々の教員の個人的な判断などに流されることが考えられる。

・教員の成長がはかれない。

個業型組織では、それぞれの教員が個別分散的に教育活動を実践することを当然としているために、教員間の実践に関する情報交換などが抑制される。このため、教員が、実践をとおして学びあうことがしにくい環境となる。

●いじめ調査報告書をもとに、個業型組織の困難さを捉える

個業型組織は、個々の教員が教育活動を展開する上で機能的な側面も有しているが、他方で、組織的な教育活動を展開することが困難な組織である。これについては、いくつかの深刻な指摘がなされている。総務省行政評価局が、平成30年3月に公表した「いじめ防止対策の推進に関する調査　結果報告書」は、「いじめ防止対策推進法」で、「重大事態」とされる事案を分析している。いじめの重大事態とは、

一　いじめにより当該学校に在籍する児童等の生命、心身又は財産に重大な被害が生じた疑いがあると認めるとき
二　（中略）相当の期間学校を欠席することを余儀なくされている疑いがあると認めるとき
（28条第1項）

と定義される。66事案のいじめ「重大事態」の調査報告書を対象として、その記載内容を整理・分析していじめの対応に関する今後の課題などを指摘したものである。このなかで学校の対応における課題及び再発防止に関する指摘内容を整理したものが表1である。

幅広い事項について言及がなされていることがわかるが、そのなかで学校内の情報共有に関する課題がみられる事案が40（60・6%）にのぼり、同じく組織的対応に関する事案が42（63・6%）となっている。

そして、組織的対応に関する指摘では、次のような内容が記載されている。

表1

図表3-⑶-㉘　調査報告書により判明した重大事態に至る過程での学校等の対応における課題及び再発防止に係る提言の内容を整理した区分

（単位：事案，％）

区分		事案数	構成比
いじめの早期発見	学校内の情報の共有	40	60.6
	児童生徒に対するアンケートの活用	18	27.3
	相談体制の整備	12	18.2
	情報の記録，資料管理	12	18.2
	SC，SSW 等との連携	12	18.2
	部活動，クラブ活動等の運営	7	10.6
	児童生徒の家庭との連携	6	9.1
	その他	10	15.2
いじめへの対処	組織的対応	42	63.6
	いじめの事実確認・認知	37	56.1
	被害児童生徒側への支援や加害児童生徒側への指導	25	37.9
	関係機関との連携	12	18.2
	SC，SSW 等との連携	7	10.6
	傍観者への指導	3	4.5
	その他	14	21.2
その他いじめの未然防止等	教員の研修	30	45.5
	学校・学級づくり	30	45.5
	重大事態発生後の対応	23	34.8
	児童生徒に対するいじめ防止などの教育	17	25.8
	児童生徒の家庭との連携	17	25.8
	学校基本方針等の見直し	13	19.7
	教委と連携した取組	9	13.6
	調査報告書の活用，教訓化	8	12.1
	学校基本方針等に定めた取組の実施	6	9.1
	その他	9	13.6
（参考）分析対象とした事案数		66	

（注）1　当省の調査結果による。
2　複数の区分に計上している事案がある。
3　構成比は，分析対象とした事案数に対する割合である。

・アンケートの集計及び内容の確認は、担任任せになっていたことやその後の該当児童からの詳細な聞き取り等についても担任任せであったこと、また、その後のアンケートや聞き取り結果等の報告についても、組織的に対応できていなかった点が大きな課題であった。今回のケースも、担任が、一人でAから聞き取りをしたが、気兼ねなく話ができる場を設定しておらず、十分に聞き取ることができなかった。また、他の学年担任や生徒指導部等への相談もなかった。これは、該当担任に限られたケースではなく、アンケートの結果からいじめが確認された際の対応の仕方が学校として共通確認できておらず組織的な対応を図る体制が十分でなかったことを課題として考えている。(240-241頁、傍線筆者)

・(中略)学校全体で情報を共有し協議する場は、生徒指導委員会などシステムとして整備されているとのことである。しかし、その具体的な運用に目を向けてみると、(略)本来は時間をかけて協議すべき内容が十分に話し合われることなく終わっているケースがあるように見受けられる。(略)そういった意味で、細かなことも含めて確実に事案を把握・共有し、物事の緊急度や重要度を正しく判断するための仕組みが、今一つ機能していなかったのではないかということを指摘したい。

・本学校では、学級担任の自由裁量に委ねられる部分が大きい構図になっていた。このような構図の下では、いじめへの対応が十分にできない教職員の場合には、不十分な点についての本学校からのサポートは、当該教職員からの自主的な申告がない限り、受けられないことになる。いじめへの対応を各学級担任の自主性ないし自由裁量に委ねることは、学級担任の対処不足、或いは隠蔽・放置等のリスクを、学級担任の選択ができない児童の側に負わせることになり、取り返しのつかない重大な結果を招きかねない。いじめへの対応に関し、学級担任のみで対応するのではなく、組織的対応を行うシステムの構築が求められる。（241頁、傍線筆者）

※上記ならびに表1は総務省ＨＰ（http://www.soumu.go.jp/main_content/000538672.pdf）より引用

この指摘は、個業型組織の特徴が、いじめの組織的対応を妨げていることを示唆している。まさに、「いじめは、個業化した学校の隙間をついて重大事態化する」ことを指摘しているように思われる。また、個業型傾向が強いことによって、教員の学校の教育活動改善への意識が弱くなることも調査データから示されている。

表2は、四国・九州地区の小学校の学級担任を対象として、２００５年に実施した調査

の結果である（佐古２００６）。教員の回答をもとに、個業的傾向の度合いを3段階（低、中、高）に分け、それぞれの段階に属する教員が、「所属する学校で学校の教育活動を改善していこうとする動きを感じるか」についての回答の違いを集計したものである。

表2では、個業化の度合いが高くなるほど、学校の教育活動改善の動きが消極的になることが示されている。個業型組織は、単に教員が個別にがんばる組織ではない。それは、個人の力量を越えた問題（例えば第1章の事例）への対応が困難な学校となる。同時に、そのような学校は、学校の教育活動を改善しようとする傾向も弱くなってしまうのである。

表2

	学校の教育活動改善志向				合計
	そう思わない	どちらとも	どちらかといえば思う	とても	
個業化　低	18 6.3%	83 29.1%	137 48.1%	47 16.5%	285 100%
中	33 8.6%	128 33.2%	184 47.8%	40 10.4%	385 100%
高	34 12.1%	98 34.8%	123 43.6%	27 9.6%	282 100%
合　計	85	309	444	114	952

カイ２乗＝14.639，df = 6，p = .023

第Ⅱ部

子供の実態探究から
学校改善にアクションする

共創ビジョンとR-PDCA

第1章　教育活動の特質と学校のマネジメント

1　どのような学校づくりを目指したらいい？

●「教育活動の組織的な改善を促す」学校へと変える

第Ⅰ部では、学校の組織としての特徴である個業型組織について、事例をもとに考えてきた。学校の組織としての特性は、個業型組織ないし個業性として捉えることができるが、これは子供の多様性に対応しなければならないことや教育方法・教育目標などを画一的に定めることが難しいことなど、教育活動に内在している不確定性（予測がしにくい、これでよいか判断しにくいこと）のため、組織的な標準化や管理による統制では教育活動の円滑な展開に向いていないことに由来している。つまり組織的統制によるのでなく、一定程度、教員が自由に考えて判断できる裁量性を保持することで、教室や子供の状況に応じた実践を展開することを可能にしているのである。教育活動を子供の実態に応じて展開するためには、組織的統制によって教育活動を枠づけるよりも、一定程度教員の裁量性に任さざるをえず、またそのことによって教育活動は機能的（円滑、効率的）に運営されるために、個業性が維持されてきたと思われる。

ところが、教員の裁量性は、組織としてのまとまり、つながりをつくることについてはマイナスに作用し、教員間の教育実践に関する相互関与や情報交換を抑制する方向で作用する。つまり、裁量性が教員の間のみえざる壁として作用し、「あなたはあなた、私は私」的な状況をもたらしやすくする。また、個業型組織は、教員が個人で対応できる問題については、たしかに機能的に動くことができるが、教育課題が複雑化するなかで、教員が個人で対応できる範囲を越える課題については、極めて脆弱な組織体制となっている（例えばいじめの重大事態に関する総務省の指摘、第Ⅰ部参照）。さらに近年、若い教員が増えるなかで、このような組織状況は、若い教員が育つ環境としても機能しにくいことが考えられる。

このように捉えると、**個業型組織の問題点を解消し、学校の教育活動の組織的な改善を促すような学校づくりを進めていくこと**が、学校にとって重要な改革課題であるといえる。

●「組織性」「教員の自律性」の2つを両立させる

「学校を組織として機能させる」とは、学校がみずからの教育活動を組織的に改善していくことができる状態にすることであり、そのために組織体制を整え、マネジメントを行うことだろう。個業型の学校を、教育活動をみずから組織的に改善していくことのできる学校へといかに変えていくことができるかが問われているのである。

とはいうものの、組織的な統制を強めることで、個業に拡散している学校をまとめていくことについては疑問が残る。極端な例ではあるが、工場型の組織統制によって各教員の仕事をつなぐという方法で教育活動を改善できるかといえば、これには疑問が生じるだろう。

学校の教育活動の具体的な局面は、それぞれの教員の意識と行動に依存している。不確定性という教育活動の特質からみても、一定程度の裁量のもとで教員が目の前の子供の実態に即して教育活動を不断に改善していく試みを誠実に行うことを損なうなら、学校の教育活動の質を担保し、向上させる点でも大きな問題となるからである。教育活動はまさに子供の実態や教育方法、教育目的などの点で不確定性を含んでいて、教員の実践場面での判断や創意を必要とする。目の前の子供の実態に即して、子供に対して何が必要か、何をすべきかをまさに教員自身が考え、工夫していくこと、つまり教員の主体的で能動的な教育活動への関わりが不可欠となる。したがって、これを促すようなマネジメントが求められているということができる。

教育活動においては、いわれたことをいわれただけするという活動、言い換えれば「こなす、やらされる」実践ではなく、子供の必要性に応じて、主体的に取り組む創造的で自律的な取組を促すマネジメントが求められているといえる。つまり、学校が教育活動を改善していくためには、教員一人ひとりが主体的に目の前の子供の実態から教育活動の在り方を捉えなおし、改善する動きを促すものでなければならない。

図1

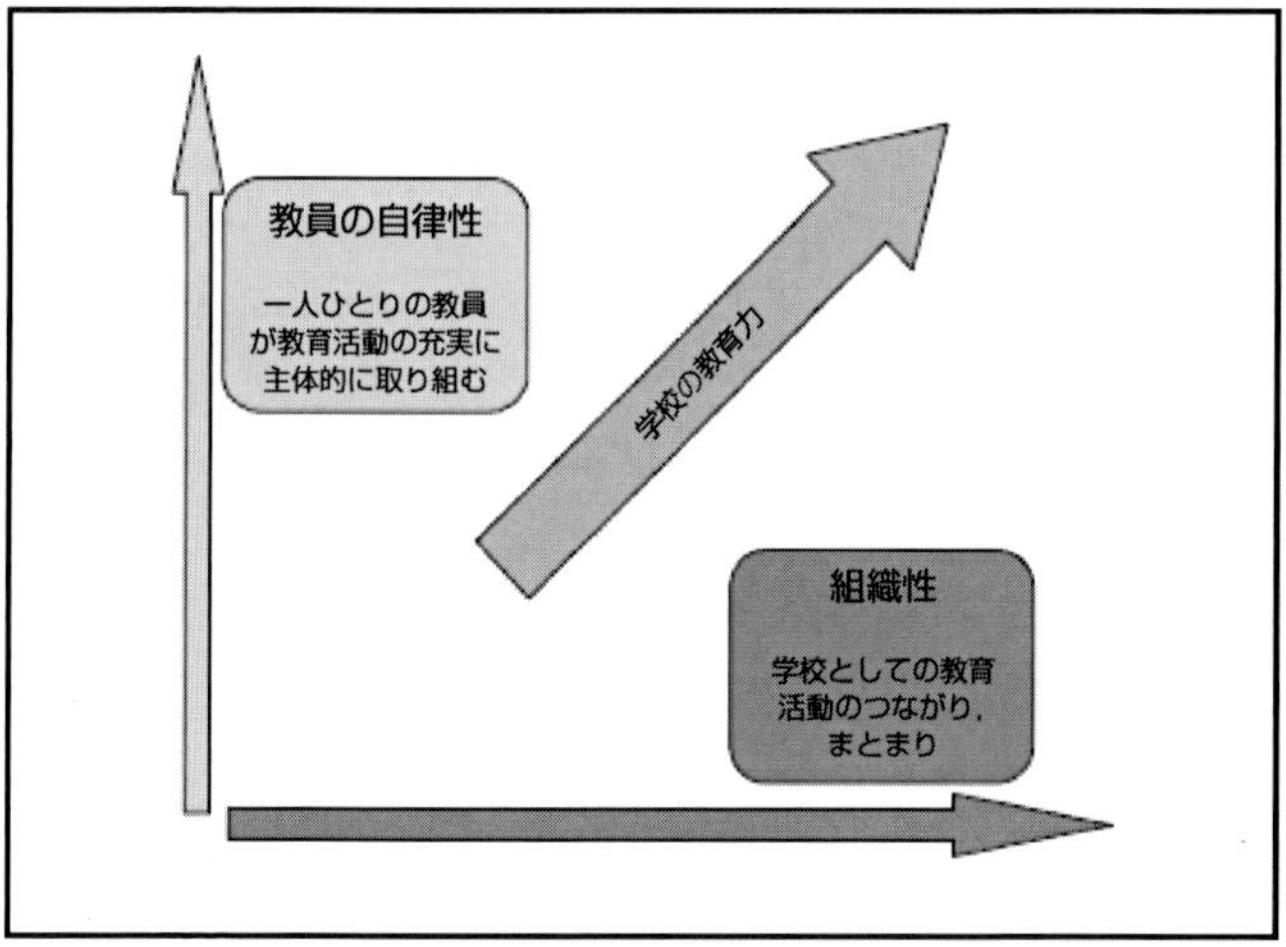

このように考えると、学校のマネジメントについては、２つの方向性を両立させていくことが必要だといえる。一つは、**学校としての組織的な教育活動のまとまり、つながりをつくること**、いま一つは、**教員の自主的で能動的に教育活動の改善に取り組むこと、つまり自律的な教育活動への関与を促すこと**、の２点である（図１）。

学校のマネジメントは、上記２つの条件を満たすものとして構想し、実践されなければならない。ここに学校のマネジメントの難しさがあるといえよう。

●「未完のプロジェクト」として探究と実践を繰り返していく

それでは、学校のマネジメントの実践をとおして、どのような学校を実現すべきなのか、学校づくりの視点について述べておこう。

教育は「未完のプロジェクト」といわれる。この単純な言葉が意味するところは多様であるが、おそらくその根底には、人間の成長あるいは変容には、ゴールを設定することが困難であることが横たわっていると思われる。もちろん、このことはどの子供も無限に伸びるということではない。人間は生涯をとおして自己を生成し続ける存在であり、そのことにおいては、終点を設定することはできないということとして解すべきだろう（もちろん、死という時間的な終着点は用意されているが）。したがって、子供の開かれた自己生成を手助けする行為としての教育は、常に未完でしかないのである。

教員の専門性の捉え方として、「反省的実践家」と呼ばれる考え方が広まりをみせているが、なぜ教員に「省察」が重視されなければならないのだろうか。省察そのものは、私たちが思考し行為する上で、一般に生起する心的過程であると考えられる。にもかかわらずこれを教員に対してとくに求められる理由は、この未完としての教育の特質が関わっていると考えられる。

教員が対峙している子供には、本来「これで終わり」ということがない。そのため教員には、子供の現実に寄り添いながらたえず「さらにより良い存在を実現するためには？」という問いと探究ならびに実践を求め続けることが求められる。このような教員の姿は、「この実践を行えばうまくいくはずである、そうしておけば間違いはない」ことを確信し、そのような実践を繰り返す教員の姿とは対照的なのである。ここに、知識を応用するタイプの専門家（技術的熟達者）と子供との関わり方を省察的に捉え、その都度修正をはかろうとするタイプの専門家（反省的実践家）とがあえて対比的に位置づけられる所以がある（佐藤1992）。

前章で小学校における「繰り上がり計算」の指導をめぐって、全校でできない子供をどう理解し、どのように指導するかを議論していた学校の例を紹介した。教育実践の具体場面では、どうすればよいのかについて正解がない状況に、まさに日常的に対応せざるをえない。もちろんその際、様々な知識を学びながら対応していくことが必要であることは言をまたないが、同時に、当の子供の特徴を捉えて理解を深めながら、関わり方を吟味していくことが教員には求められているといえる。

その時々の子供の実態を勘案しながら、「さらに望ましい存在」に向けての探究と実践を、反芻的（省察的）にすすめていくことは、単に教員個人にとどまるものではない。学校全体で、いま目の前にある子供の実態を捉えなおし、その課題にこたえるべく実践の在り方を組み立てなおしていくことによって、学校の教育活動の組織的な改善が可能になると思われる。

ところで、望ましい学校のイメージは、これまでも様々に語られてきた。例えば、環境的要因のハンディキャップにもかかわらず、優れた学力形成機能を有する学校について、その存在だけでなくそのように機能させる条件が整理されてきている。いわゆる「効果のある学校」に関する研究知見などがそれである。この「効果のある学校」の条件としては、例えば以下の諸点が指摘されている。

（a）学校経営に関する強力なリーダーシップ、（b）いかなる子供も落ちこぼれることはないという子供に対する期待に満ちた風土、（c）学校の雰囲気が抑圧的でなくかつ硬直していないこと、（d）子供が基礎的なスキルを習得することを他の諸活動に優先することを明確にしていること、（e）必要な場合には、学校の諸資源を学校の基本的な目的のために集中させること、（f）子供の変容をモニタする手段の整備、などが指摘されている（エドモンズ（Edmonds）、1979）。

このような分析と知見は、学校の在り方を見なおす鏡として示唆的であり、ここから多くの学校改善の視点が得られることについては間違いない。しかしながら他方で、現実の学校はこの条件リストを充足することが困難な制約のなかで動いていると思われる。

このようなリストに適合しているから望ましい学校であり、適合していないからそうではないと考えることはできないだろう。私たちが実現すべき学校像とは、リストを満たした学校ではなく、様々な制約のなかで、教育活動の質や水準を半歩でも一歩でも少しずつ改善して（そのように取り組んで）いる学校なのであり、そのような学校こそが、子供にとっては「ありがたい」（不断に自己生成を支え続けてくれる）学校といえるのではないだろうか。

私たちが考えるべきは、できあがった学校の姿だけでなく、子供の実態と対話しつつ、現実の教育を少しでもより良いものにしようと取り組むことのできる学校、子供の実態から組織としての学びをすすめることのできる学校なのではないだろうか。まさにそのような学校の「プロセス」こそが、学校の力の源泉になると思われる。そして学校の教育の成果は、このような「プロセス」の帰結として、当然、期待されるものとして位置づくのである。

現実の諸条件のなかで子供を支えながらも、さらに「未完のプロジェクト」として探究と実践を繰り返していくことのできる学校に、いかにして近づくことができるのか、その方法論こそが、学校づくりの焦点におかれるべきではないのだろうか。子供の実態に即しつつ、みずから教育活動を捉えなおし改善していくプロセスや仕組みを働かせている学校、すなわち**内発的な改善力を有する学校をいかにつくることができるか**が問われなければならない。

このことをふまえて、以下に学校のマネジメントの具体的な方法論について考えていくことにしたい。

2　学校ビジョンとは？

●大切に思う内容、実現したいと思える内容をビジョンにもつ

教育活動は、多様な価値を含みつつ展開される。そして、学校として組織として目的を一義的に定めることは難しい。

より正確にいえば、形式的にはなんらかの目的（教育のねらい、実現したい事項など）を設定することは可能である。しかしながら、それを教員が受けとめ、教室実践の準拠点として行動することは難しいというべきかもしれない。学校にはなんらかの教育目的が定められているが、教室は個々の教員ごとに異なった方向の教育活動がなされることがありうる組織だからである。まさにこれが個業型組織の特徴である。

組織にまとまり、つながりをもたらすためには、組織のビジョンが重要な役割を果たす。いまやほとんどの学校管理職は、学校ビジョンの明確化と共有が学校のマネジメントには必要であることは理解されているだろう。しかしながら、次のような問いにどう答えるだろうか？

・先生の学校のビジョンはどうなっていますか（どんなビジョンですか）？
・そもそもビジョンとはどのようなものですか（何をもってビジョンといっておられますか）？

学校経営においてビジョンの重要性が語られているほどには、学校ビジョンとは何であるか、どのようなものであるかについては、あまり明確にされていないように思われる。ここでは、まず学校ビジョン（学校組織のビジョン）の内容構成について考えておこう。

組織のビジョンという言葉は、組織の価値、組織のミッションなどとともに、マネジメントには頻出する用語であるが、何をもってビジョンというのかについては、多様な見解が存在する。近年、「学習する組織」論として注目を集めたセンゲ（Senge 2011）は、次のようにいう。

> つまるところ、共有ビジョンとは「自分たちは何を創造したいのか？」という問いに対する答えである。個人ビジョンが人それぞれの頭や心の中に描くイメージであるのと同じように、共有ビジョンも組織中のあらゆる人々が思い描くイメージである。共有ビジョンは組織に浸透する共通性の意識を生み出し、多様な活動に一貫性を与える。（中略）共有ビジョンの力は共

にそれを大切に思うことからもたらされる。実のところ、人々が共有ビジョンを築こうとする理由の一つは、結束して重要な仕事に当たりたい欲求があるからと考えるべきなのだ（281頁）。

さらに、次のようにも述べている。

共有ビジョンがあることによって学習の焦点が絞られ、そして学習のエネルギーが生まれるからだ。適応学習ならばビジョンなしでも可能だが、根源から創造する生成的学習は、人々が自分たちにとって大いに意味のあることを成し遂げようと懸命に努力しているときにのみ起こる。実際、人々が心から達成したいと思うビジョンにわくわくするようにならない限り、生成的学習―創造する能力を伸ばすこと―という考えそのものが抽象的で無意味なものに思えるだろう（281－282頁）

このセンゲの見解は、組織のビジョンによる組織のまとまり（共通性）と個人の創造的活動との関係、つまり前章で述べた、学校組織における組織性と教員の自律性の関係を考える上で示唆的である。つまり、**組織のビジョンが個人が大切に思う内容、実現したいと思える内容であることが、個人の創造的な活動を促すこと**を示唆しているからである。そして、ビジョンによっては、組織のまとまりと個人の創造的活動がともに促される可能性があることを示唆しているのである。

●育てるべき子供（人間）の姿を明らかにする

このセンゲの見解をふまえるなら、まず学校ビジョンにとって不可欠な要素とは、「教育活動をとおして自分たち（この学校の教員）は何を創造したいのか？」を明らかにすることにある。

現実には様々な学校が存在するが、いかなる学校においてもおよそ普遍的に考えるべきことは、「私たちは、どのような子供（人間）に育てるために、教育活動を行っているのか？」という問いだろう。つまり、「私たちの学校は、自分たちの教育活動をとおして、どのような子供（人間）を育てようとしているのかを示すこと」だといえる。

端的にいえば、ビジョンの第一の要素は、**教育活動をとおして育てたい子供（人間）の姿を思い描くこと**だといえる。学校ビジョンにおける育てたい子供の姿を、ここでは学校の**「育成課題」**と名づけておく。3、6、あるいは9年間にわたる学校教育のなかで、教員がその学校で子供に培いたい（あるいは育てなければならない）と考えている資質や能力であると言い換えることもできる。つまり学校教育をとおして、子供のなかに実現すべき価値（どのような子供、人間に育てたいのか）がビジョンの第一要素である。

このように書くと、学校関係者には馴染みのある「目指す子供像」を想起される方も少なくないだろう。たしかに、各学校にはすでに学校経営計画などの文書のなかで、「目指す子供像」が記述されているところも多いだろう。ただしここでは、慣例的な「目指す子供像」とあえて区別するために、学校の「育成課題」という言葉を用いている。これには理由がある。

ある逸話を紹介しよう。私は、学校管理職研修で、学校のビジョンについて説明をすることがしばしばある。受講生である管理職に「あなたの学校には目指す子供像がありますか?」と問うてみると、大抵の管理職の先生は、「ある」とお答えになる。そこでさらに、「それは誰がつくったのですか?」「いつつくったのですか?」「どうしてそのような内容になったのですか?」とたたみかけて尋ねてみると、明確な答えができない方も少なくない。皆さんの学校ではどうだろうか?

ところで、ある管理職研修の場で、このような回答が返ってきたことがある。「いつ、誰がつくったのか？」という私の問いに対して、ある管理職が「本校の目指す子供像は、67年前頃につくったそうです。その当時の校長さんがつくったと聞いています」というものだった。この回答は、この学校の歴史を感じさせるとともに、「目指す子供像」の学校での位置づけをうかがうことのできる印象的な回答であった。

それはともかく、ここで考えていただきたいことは、はたして学校にあるはずの「目指す子供像」が教員に共有され、教員のつながりやまとまりを生み出すものとなっているかである。また、その実現に向けて教員の実践を生み出すものとなっているかである。おそらく、教員はなんとなくそのようなもの（子供像）があることは知っていても、その内容が何であるかを意識している者は、それほど多くないのではないだろうか。さらになぜそのような子供像なのか、なぜそれを目指さねばならないのか、について理解できている教員はどれほどいるだろうか。

このような「目指す子供像」は、教員の実践に共通性を与える力を有していない。ここでいう「育成課題」は、一般的に「育てたい子供像」として学校で設定されているような抽象的で出所不明な内容ではなく、この学校でどうしても育てたい、育てなければならないと教員が理解できるものであり、実践することの必然性が理解されるものとして、設定されるべき子供像（人間像）なのである。

組織のビジョンは、単なる言明や図式として記述されているだけでは、ほとんどなんらの意味も有さない。学校であれば、それを教員が実践と関連づけたり、実践の羅針盤として準拠したりすることをとおして、はじめて子供の教育と関連し、意味をもつ。つまり**ビジョンは、教員の実践に取り込まれてこそ組織のビジョンとして機能するの**であり、そのために作成するのだと考えられる。この点で慣習的な「目指す子供像」ではなく、あえて各学校の子供の「育成課題」という概念を設定することにしているのである。

●学校ビジョンを北極星とロケットの組み合わせとして構成する

さて、学校組織におけるビジョンの内容（構成要素）の第二は、上に述べた「育成課題」をいかなる教育活動で追求するのか、すなわち**「育成課題」に対応した教育活動の在り方（実践課題）**である。

このように述べると、学校関係者には、その年度の「重点目標」などを思い浮かべられるかもしれない。ただしこの場合も慣習的に設定されている「重点目標」と、ここでいう

「実践課題」は必ずしも同様ではない。第一には、学校の「重点目標」は往々にして羅列的かつ総花的に設定されている場合が少なくない。例えば、教育経営計画などで「重点目標」として設定されている実践項目が10を越えるという学校も珍しくない。このような場合、厳密にはそれは「重点目標」ではなくて、学校がこなさなければならないリスト(to do list)となってしまっている。そのため、第一には、何を重点にしようとしているのかが判別しにくくなっている。第二には、そのこともあって「重点目標」と実現すべき目的(価値)である「育成課題」との関係が必ずしも明確に設定されているとはいえないことである。

学校ビジョンの最小限の構成要素は、学校で育てたい子供(人間)の姿としての「育成課題」とそれを実現するために焦点化された教育活動である「実践課題」であり、ビジョンはこれら2つの組み合わせで記述されるものである。つまり、学校が子供の実態をふまえて設定した目的(育成課題)—方法(実践課題)のセットとして構想されたものである。そしてこれは、教員が見通しをもって教育活動に取り組むための、シンプルな学校の設計図である。

学校のビジョンとは、その学校が教育活動をとおして実現したい(あるいは実現しなければならない）子供（人間）の姿（育成課題）と、それを実現するための教員の行動指針（実践課題）をセットにして明示したものである。「育成課題」は学校が目指す方向性であり、これをたとえていうなら、教員による日々の実践をとおして、共通に実現したい姿を指し示すものであるから、航海における北極星とでもいえるものである。一方「実践課題」は、その北極星（育成課題）に子供を近づけるための手だてであるから、北極星に向けて子供を乗せていくロケットであるということができる。したがって、学校のビジョンは、学校の北極星とそれに接近するロケットの組み合わせとして構成することができる。

図2

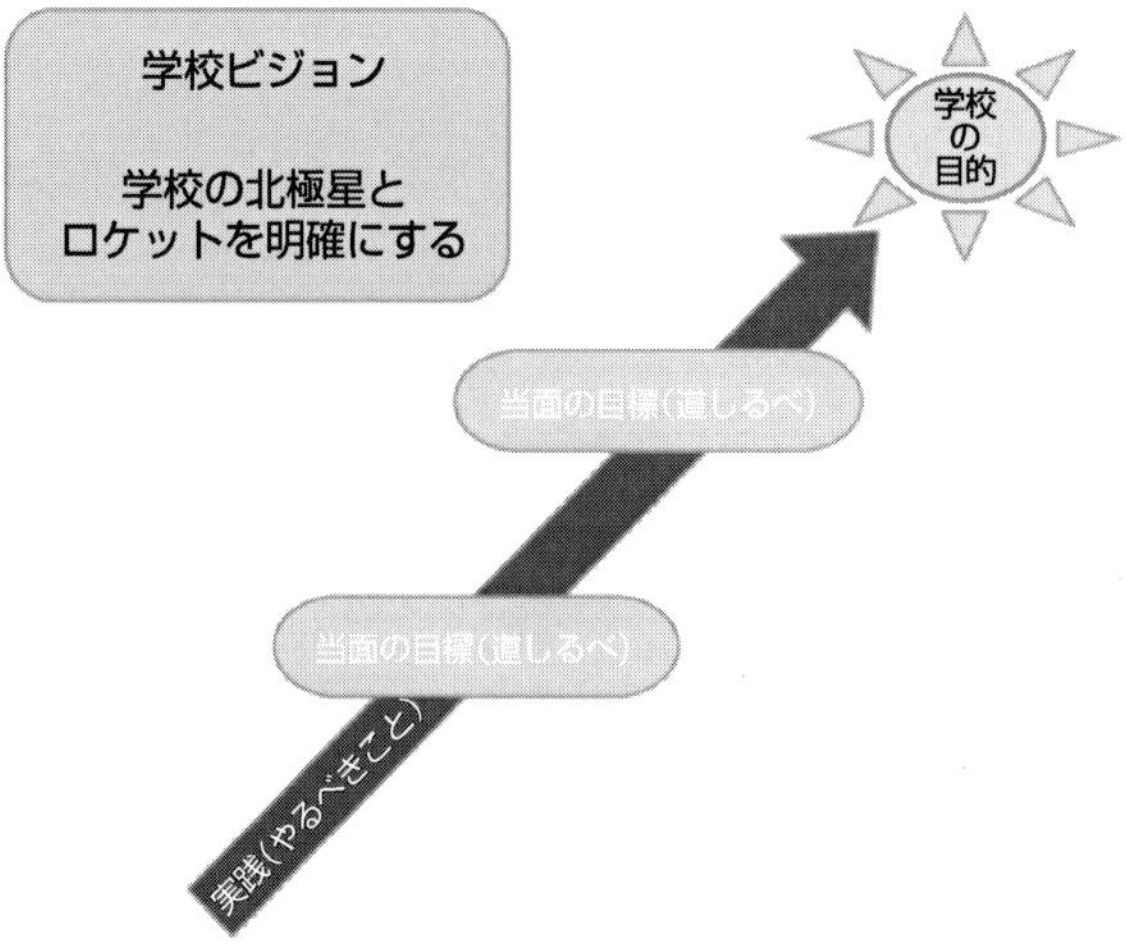

第2章　共創ビジョンとR－PDCAサイクルの作成

1　まず学校のプランニングをどうすすめたらいい？

●児童・生徒の実態の整理と共有（実態認識）から着手する

一般に、学校組織においても、ＰＤＣＡというマネジメントサイクルの考え方は広く浸透しているようである。また学校の管理職は、このサイクルにそって組織の動きを計画、実施、検証改善していくことが、教育委員会などから求められる場合が少なくない。

しかしながら、教育の目的や価値が多義的であることをふまえると、いきなりプランニングから取り組むことは難しい。例えば、ビジョンの「育成課題」（この学校ではどのような子供を育てるのか？）をまとめるのは容易なことでない。

「育成課題」とは、学校の教育活動をとおして実現すべき子供（人間）の姿であり、言い換えると学校が創造する価値の問題である。つまり、あるべき姿の問題である。価値の議論はどうしても平行線に陥りがちで収束させることが難しい。このような場合、立場や考え方の違いにもとづく意見の相違が顕在化することから、結局のところ、校内で声の大きい教員やいわゆる長老教員の意見に流されがちになる。教員の納得ではなく、諦めで収束することになりかねない。

また、何を設定してよいかわからない、あるいはどう考えてよいかわからないというような場合、権威のある（と思われる）情報や多くの人や他の学校が述べているような事項にしたがって、自校の課題としてしまうことが起こりやすい（社会心理学でいう「社会的リアリティ」）。その結果、表向きは学校の課題として記述されているようにみえても、実際には、世のなかでいわれていることの受け売りのような内容になってしまう。

それではどこから着手するか？

このような形骸化した検討過程に陥ることを避け、多くの教員がビジョンの作成に関与できるようにするために、**いきなりあるべき子供の姿（価値）から検討するのではなく、児童・生徒の実態の整理と共有（実態認識）から着手する。**教員がともに子供の実態を洗い出し、そこにみえる問題をいったん共有する手順をとる。

日頃の子供の実態を自由に交流しあう場面を設定することによって、経験や担当の違いを越えて、子供に対する捉えや思いを出しあうことが可能になる。私たちの研究室における実践研究においても、子供の実態を出しあって整理する場面で、教員のコミュニケーションが開かれていくことをしばしば経験している。子供の実態について日頃感じていることを出しあうことで、教員間の共感（同じ思いで子供に接している、自分の学級でも同じような子供の姿がみえるなど）が生まれる。また、日頃話す機会の少なかった教員間でも、コミュニケーションを行うことが容易になる。

また、子供の実態からスタートすることは、「育成課題」を明らかにするための土台を共有することになる。後に述べるように、子供の姿を出しあい、共有し、整理していくことによって、立場や経験の違いがあっても、どのような子供（人間）に育てていくべきかを、ともに考える共通の土台（認識の共通基盤）ができるのである。

一般の組織マネジメントにおいても、いわゆるＳＷＯＴ分析なるものが用いられる場合があるが、学校の場合は、目指すべき子供の姿を想起するにあたって子供の実態確認から着手することが有効である。これは、教育活動の成果や課題は最終的には子供の姿や変容によって判断されるべきものであるから、学校のプランニングにおいては、第一義的に子供の実態の確認から着手すべきであると思われる。つまり子供の姿から始まり、子供の姿に立ち戻る、という考え方でマネジメント全体を構成することが必要だと思われる。

子供の実態を確認することからスタートするとすれば、マネジメントサイクルは、ＰＤＣＡとして定式化するよりも、実態確認（Research）をつけて、Ｒ－ＰＤＣＡとして定式化した方が適切だろう。この場合、ＲとはResearchであり、子供の実態の情報整理・確認という意味である。

さらに、教育活動に即した言葉を用いて、簡略化して表現するとすれば、子供の実態―子供と教員の課題―実践―子供の実態―というサイクルで表すことができる。つまり、**実態⇓課題⇓実践のサイクルで教育活動を構成し捉えなおす**のである（図３）。

図３

子供の実態　⇒　課題　⇒　実践
⇒　実態（子供の実態に返っての検証）⇒　課題　⇒

2 ビジョンはどのようにしてつくればいい？

学校ビジョンについては、教員がその必要性や意味を理解し、納得性の高いものとして形成されなければ、まさに「お飾り」となってしまう。逆に、教員が必要性を理解し、納得できるものであるなら、教室においても、それを意識した実践を試みることが期待できる。

ビジョンは、管理職のペーパーワークであってはならない。管理職の頭と文書のなかでのみ生きているビジョンは、ビジョンとして機能していない。大事なことは、教員がそれをみずからの指針として受けとめ、実践に反映させていくことなのである。管理職のビジョンが重要なのではなく、教員に共有され、学校の実践として具体化するビジョン、すなわち組織のビジョンをつくることこそが重要なのである。

これに関連して考慮すべきことは、ビジョンを誰がどのようにしてつくるかということがある。この点については、これまで学校経営の議論のなかでも、十分に整理されてこなかったように思われる。学校ビジョンについては、それを誰がつくるのかについても、いくつかの考え方がある。

一つは、そもそも組織のビジョンとは、経営の根幹に関わる事項であるので、管理職（校長）がつくり、それを教員に周知して実践につなげるという考え方である。これは管理職がつくり、教員はそれにしたがい実践するというものであるから、**伝達型のビジョン**ということができる（図4）。

もう一つは、子供と日々対峙している教員は、具体の経験に即して子供についての情報や課題意識をもっているから、それを持ち寄り、自分たちは何を目指すのか（育成課題）を考えあい、共有していくことでビジョンをつくるという考え方である。これはビジョンをつくるプロセスを共有するという意味で、**共創型のビジョン**ということができる（図5）。

図4

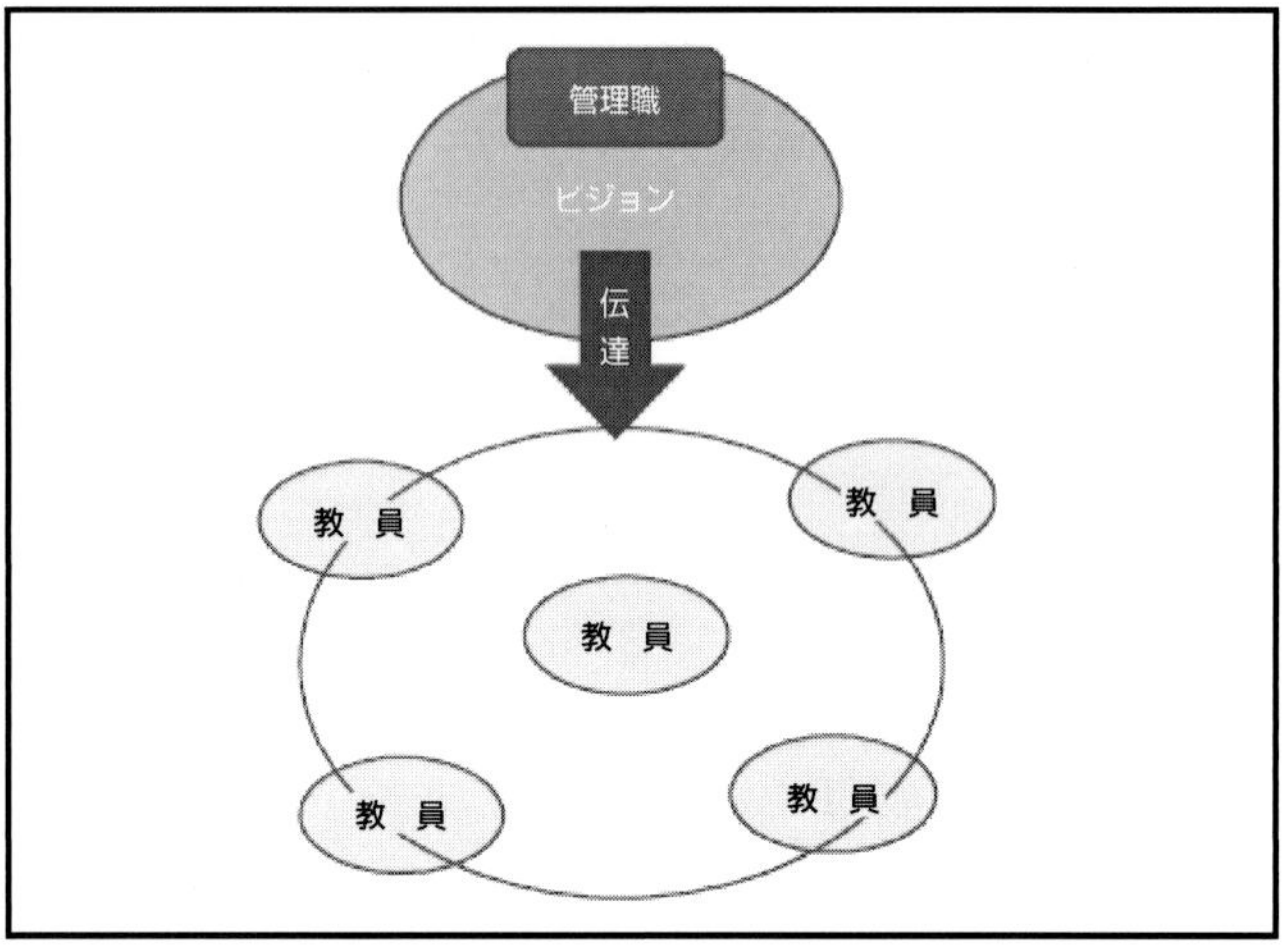

図5

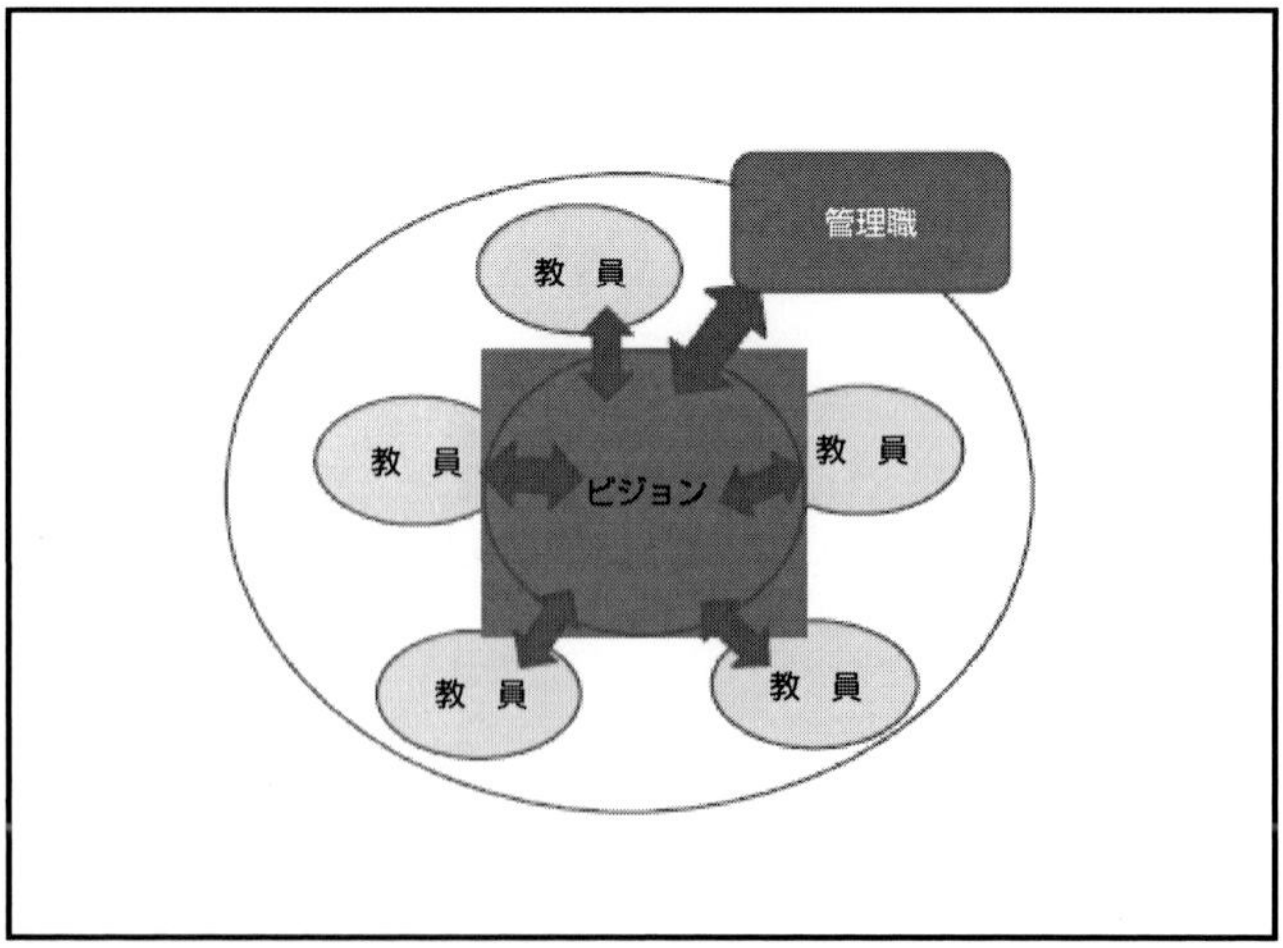

この2つのタイプを対比して考えるべきことは、いずれが教員の実践、つまり学校の教育活動に連動するかである。

そもそも学校ビジョンにしても、PDCAサイクルにしても、それが教員の実践のなかに反映され、教員の子供への関わり方や働きかけに反映されない限り、教育活動のまとまり、つながりを実現したり、あるいは教育活動の持続的な改善を実現したりすることにはつながらない。そのような実践と接合しえないビジョンや計画は、校長室の掲示物であっても、文書としての意味以上のものではない。つまり、管理職の作成する文書のなかでしか成立していないビジョンあり、単なるペーパーワークの域を出ない。これでは、マネジメントの実践とはほど遠いのである。

管理職が作成するビジョンが必ずしも教員に共有されないわけではないが、後者の共創ビジョンの考え方に立って、学校ビジョンを作成することがビジョンの共有には有効であると考えられる。共創型でビジョン形成をはかることで、ビジョンに対する教員のコミットメントが高まることが予想される。それによって実践の共通性が高まるとともに、教員個々の自律的な実践改善も期待できるからである。

学校の管理職が学校ビジョン（基本デザイン）を教員に提示する場合に、しばしば管理職などが作成した文書を年度初めの会議で配布、説明することでなされているようであるが、これで学校ビジョンが共有できると考えるのは、極めて楽観的であるといわざるをえない。教職経験のある方であれば、学級担任として活躍していた時期に、学級のルールやめあてを児童・生徒としっかりと共有しあうために、どのような学級経営をしてきたかをふりかえれば、目的やルールを共有するための手だての重要性は理解していただけるだろう。学級開きの段階で、めあてやルールを子供に説明し伝えるだけで、1年間、学級のめあてやルールを子供に理解してもらい、行動してくれることを期待することはできないだろう。それがわかっているがゆえに、通常教員は、年度当初に時間を多少割いても、子供に考えさせ、意見を述べさせ、我が事として学級のルールやめあてを選択させるのである。

学校のビジョン作成の場合においても、基本的にはほぼ同様の考え方である。つまり、みずからの振る舞い（教員自身の実践）を主体的に方向づけ、修正していくために、その方針やルールが納得できること、さらにはその形成にみずからも関与したことが強く影響する。このことを理解した上で、ビジョン形成の手順をふむことが重要なのである。

学校が組織として実現すべきもの、つまり組織の教育目的について、その合意形成過程における教員の関与プロセスが重要である。それによって、教員の教育目的に関する当事者性、あるいはコミットメントを引き出すことができる。そして、それに続く教育活動の改善や組織的なまとまり、つながりに影響すると考えることができる。

　以上のように、教員が共有し、かつ実践に活きるビジョンをつくるためには、内容構成とともにビジョンを形成する手順（プロセス）が重要である。教員に共有され、実践につながる学校ビジョンをつくるためには、その形成過程に教員が参画し、情報共有を行うことが有効である。つまり、**学校の課題形成過程における協働を実現すること**である。これが共創ビジョンの作成の基本的な考え方である。

3　共創ビジョン作成の方法とは？

●作成のために4つの段階をふむ

共創ビジョンをどのように作成していくか、その作成の段階を図6に示す。大きく分けると、共創ビジョンの作成は、4つのブロックに分かれる。

①子供の実態の確認と共有

まず、学校の客観的なデータ（学力・学習状況調査や学校評価データなど）によって、自校の子供の特徴（よさ、問題）を管理職が中心となって整理しておく（キーデータマップ）。そしてそれを教員に配布して、説明をしておく。

次に、教員によって日頃の子供の特徴を出しあい、整理して自校の子供のよさ、問題を整理し、子供の特徴について焦点化する。

②子供の実態の背景にある要因（根っこの課題）についての探究

子供の実態の整理の後、その背景にある要因を検討する。

③育てたい子供の姿の設定

子供の実態のなかにある「根っこの課題」をふまえて、教育活動をとおして、どのような子供に育てたいのかを明らかにする。つまり、「育成課題」（北極星）をつくる。

④取り組み課題（実践課題）の設定

子供の実態を「育成課題」に近づけるために必要な実践内容を考え、設定する。

これら①〜④の流れで作成するビジョンのイメージを図7に示した。

図6

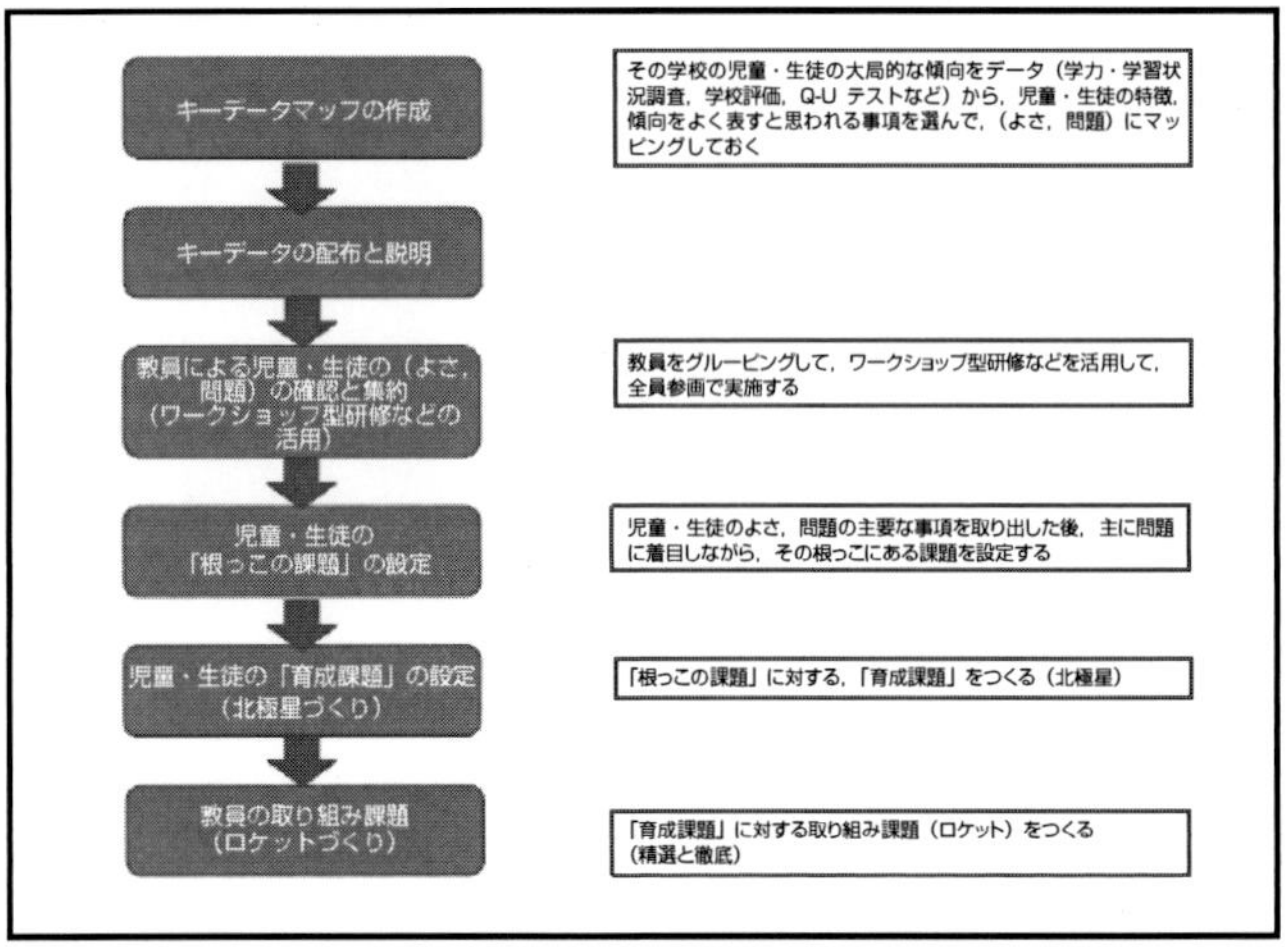
キーデータマップの作成
その学校の児童・生徒の大局的な傾向をデータ（学力・学習状況調査，学校評価，Q-U テストなど）から，児童・生徒の特徴，傾向をよく表すと思われる事項を選んで，（よさ，問題）にマッピングしておく
キーデータの配布と説明
教員による児童・生徒の（よさ，問題）の確認と集約（ワークショップ型研修などの活用）
教員をグルーピングして，ワークショップ型研修などを活用して，全員参画で実施する
児童・生徒の「根っこの課題」の設定
児童・生徒のよさ，問題の主要な事項を取り出した後，主に問題に着目しながら，その根っこにある課題を設定する
児童・生徒の「育成課題」の設定（北極星づくり）
「根っこの課題」に対する，「育成課題」をつくる（北極星）
教員の取り組み課題（ロケットづくり）
「育成課題」に対する取り組み課題（ロケット）をつくる（精選と徹底）

図7

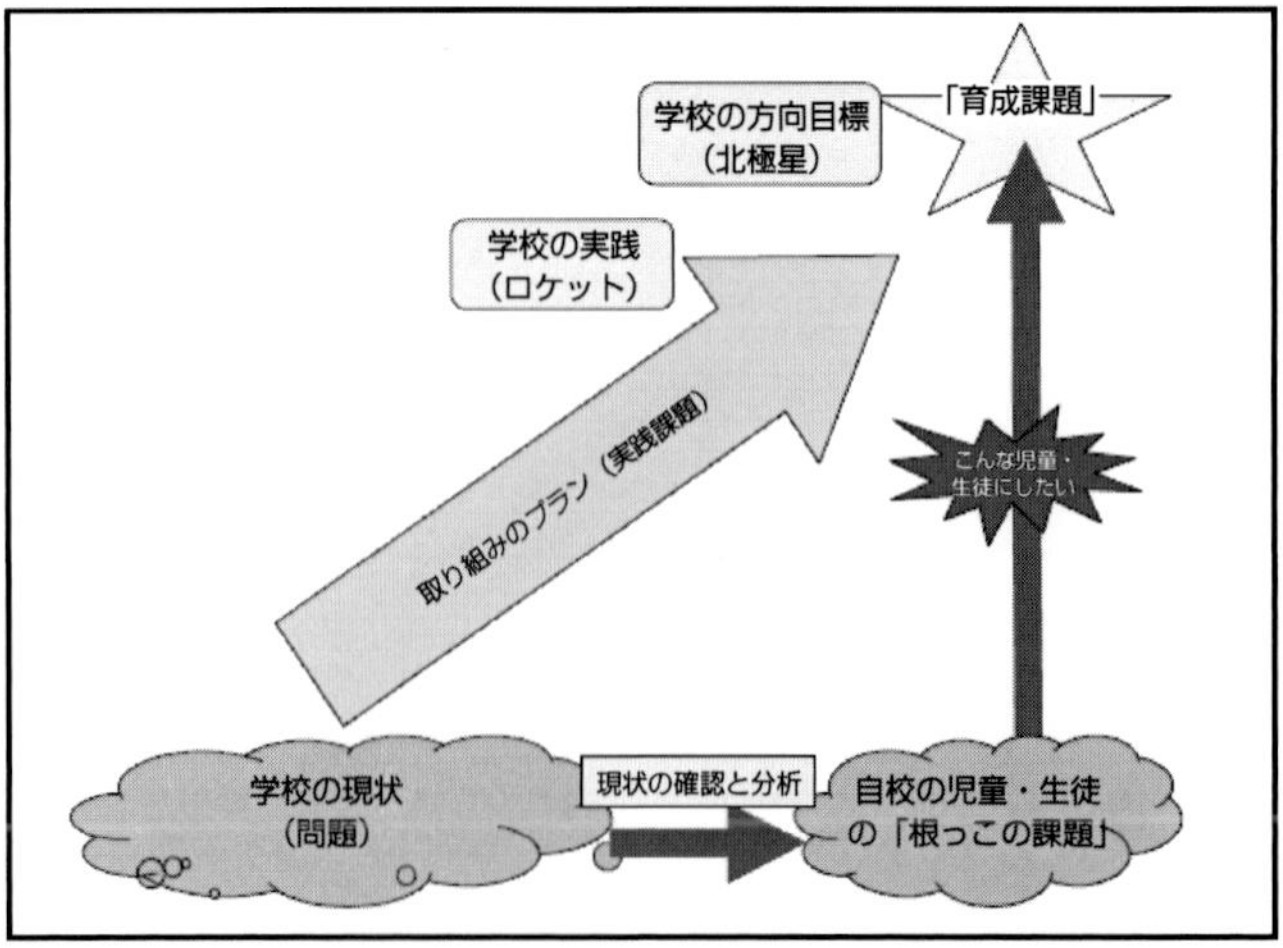
学校の方向目標（北極星）
「育成課題」
学校の実践（ロケット）
取り組みのプラン（実践課題）
こんな児童・生徒にしたい
学校の現状（問題）
現状の確認と分析
自校の児童・生徒の「根っこの課題」

●子供の実態を確認する

「育成課題」をつくることとは、みずからの学校の児童・生徒にどのような価値をつけて（どのような子供、人間を育てて）いくのかを明らかにしていくことである。そのために子供の実態をしっかりと捉え、それらを整理・共有することをとおして課題を明らかにするのである。

比喩的にいえば、**北極星（育成課題）をつくるために、足下の石（子供の実態）を収集し、それを磨き練って、北極星（育成課題）とする**のである。

子供の実態を出しあい、整理して共有する方法論としては、いわゆるワークショップ型研修の手法などを活用するなど、すすめ方の工夫が必要である。具体的な方法論については後述する。

子供の実態を明確化し、整理・共有することで、その後に子供の課題と教員側のアクションプランの設定が容易になる。子供の実態から「育成課題」や「実践課題」の設定、つまりプランニングに至るのである。それにもとづいて、教員による実践を推進し、その実践の成果と課題を、再度子供の姿にもとづいてたしかめていくというサイクルを成立させるのである。

なお、教員によって子供の認識を交流・共有する前に、学校で活用できる客観的資料（学力・学習状況調査、学校評価アンケートなど）を使って自校の子供の実態（よさや問題）を整理し、教員が理解しておくこと（キーデータマップ）が有効である。

●実態の背後にある要因を探究する

ところで、学校の教育活動に方向性を与える「育成課題」については、単に目にみえる問題に対する対処のレベルにとどまらず、その背後（基底）に想定される、子供の課題にまで深めて設定することによって、みずからの教育活動の在り方を捉えなおす契機となる。このことは、第Ⅰ部でも述べたとおり、タイプⅡの解決様式につなげるために必要なプロセスである。

また、別の観点からいえば、子供の実態からその背後にある要因や背景を探究し、そこに働きかけることで、子供の成長や変容につながる教育的効果を期待することができる。そして、目にみえる問題に対する対処ではなく、学校の教育活動を広く捉えなおすことができる。

学校として意味のある、つまり教育活動の改善に資する問題解決とは、子供の問題を生じさせている要因に探りを入れて、そこに働きかけることだろう。そして、このような学校で取り組むべき課題を捉え、教育活動改善に取り組める学校こそが、問題解決力（正確には課題達成力）に優れている学校であり、組織的な教育活動改善に取り組める学校である。

これを可能にするためには、第Ⅰ部で述べたように、自校の子供の実態の整理、確認の結果をもとに、「なぜ私たちの学校の子供は、このような状態であるのだろうか。そのことの背景や要因は何か？」について考え、探究する過程をビジョン形成に組み入れることである。

それは、**子供の実態の背後、あるいは底にある要因や背景を探り、それを児童・生徒の実態の「根っこの課題」として設定するのである。そして、そこに働きかける教育活動の在り方を構想すること**である。これによって、子供の実態の背景、要因を押さえて、タイプⅡの問題解決にむかう学校、学校の教育活動を見なおし、改善する学校をつくるためのビジョンとするのである。

私たちの実践研究においてもしばしば経験していることであるが、「根っこの課題」を設定することは、前節の子供の実態を確認することよりも難しい作業である。それは、目にみえる子供の傾向の背景や要因を考えることであり、子供の姿に影響を及ぼしている様々な要因を想起しなければならないからである。そしてさらに、そのなかで教員が対象とすべき主要な課題を選び出す作業となるからである。したがって、現実のビジョン作成の作業でもこの段階で時間を要することが少なくない。また、要因を絞り込むことに困難を来すことも生じる。

留意すべきことは、「根っこの課題」には「正解」がないということである。子供の実態からみて一般的にあてはまりそうな要因は想起されるだろうが、はたしてそれが自校の子供の「根っこの課題」として適切であるかどうかについては不明であるということである。したがって、「根っこの課題」はあくまでも仮説的なものであり、後続する実践をとおしてたしかめ、より妥当なものに近づけていくことが必要である。

●「根っこの課題」から「育成課題」を設定する

「根っこの課題」が設定されたら、次にこの「根っこの課題」に働きかけて、「どのような子供（人間）を育てたいのか？」を問い、明らかにする。

すでに述べてきたように、共創ビジョンの考え方では、子供の実態の確認からスタートして、その根っこにある課題を探究して、それをもとに「私たちは、どのような子供（人間）を育てたいのか。育てるべきなのか？」を設定することになる。つまり、いきなり育てたい子供像から実践を考えるのではなく、教員が実感している子供の実態を確認し、そこから導出される課題を考え、それをふまえて「育成課題」（北極星）を設定するということである。

●「育成課題」から「実践課題」へ転換する

「育成課題」が設定されたら、自校の児童・生徒の実態を、「根っこの課題」を改善することをとおして、「育成課題」（北極星）に近づけるために、教員は何をなすべきかを考える。これは、自校の児童・生徒を北極星に近づけるために実践改善の在り方を考えることである。

ポイントは、**自校の子供を「育成課題」（北極星）に近づけるため、教員の実践の在り方を明らかにすること**である。学校はともすれば「あれもこれも」になりやすい。その結果、この学校が何を目指して、何に注力するのかがみえにくくなり、結果的に何も重点化していないことに陥ってしまう。

共創ビジョンの考え方では、あくまでも子供の実態と「根っこの課題」をふまえた「育成課題」に子供を近づけていくために求められる実践に**焦点化**する。そのため、「実践課題」の設定については、何よりも精選することが重要である。さらにいえば、ここで設定した「実践課題」については、教員がともに実践する内容として設定することが有効である。

実践課題の設定の原則は、「精選と徹底」である。精選とは、北極星に向けて全校で取り組む内容を絞りこんでいくこと（例えば3つ以内）、そして徹底とは、ここで設定した「実践課題」は、全校的に必ず実践する（実践できる）ものとすべきであるということである。

●いったん設定された「実践課題」を見なおす

「実践課題」については、

①すべての教員が実践することが可能なものである。

②誰でもやるべきこととして受け入れられる。

③とくに準備などを必要とせず、日々実践できる。

など、一点突破凡事徹底型の実践から着手することが有効である。

教育活動として当然行っておくべきことであるが、見なおしてみるとできていない、不十分であることなどをこの「実践課題」に位置づけることが考えられる。

また、教員としての手ごたえが捉えられやすい内容、つまり日頃の教員と児童・生徒の信頼関係の構築につながる内容であることが、以後の実践改善の土台をつくる上からも有効である。

さらに、いったん設定された「実践課題」であっても、教員が実際に行ったことをもとに見なおすことも考慮すべきである。決めたことを頑なに遵守するのではなく、実践の経験をふまえて課題を見なおすことが重要である。そして、このような実践をとおした見なおしは、ビジョンを共有し、「実践課題」を焦点化することによって可能になっているのである。つまり、それぞれの教員が同じビジョンの実践の結果を持ち寄ることで、子供の実態や教員の関わり方を考えなおす（＝学びあう）ことが促進されるのである。

●ビジョンシートを使う

図8・9は、私たちが開発した、上のような手順にそってビジョンを作成するガイドと

フォーマットを示している。

上の①～④の手順で検討した事項を順次、該当する欄に記載していくことによって、児童・生徒の実態をふまえた目標と、そのための実践を対応づけたビジョンとなるように構成している。

図8

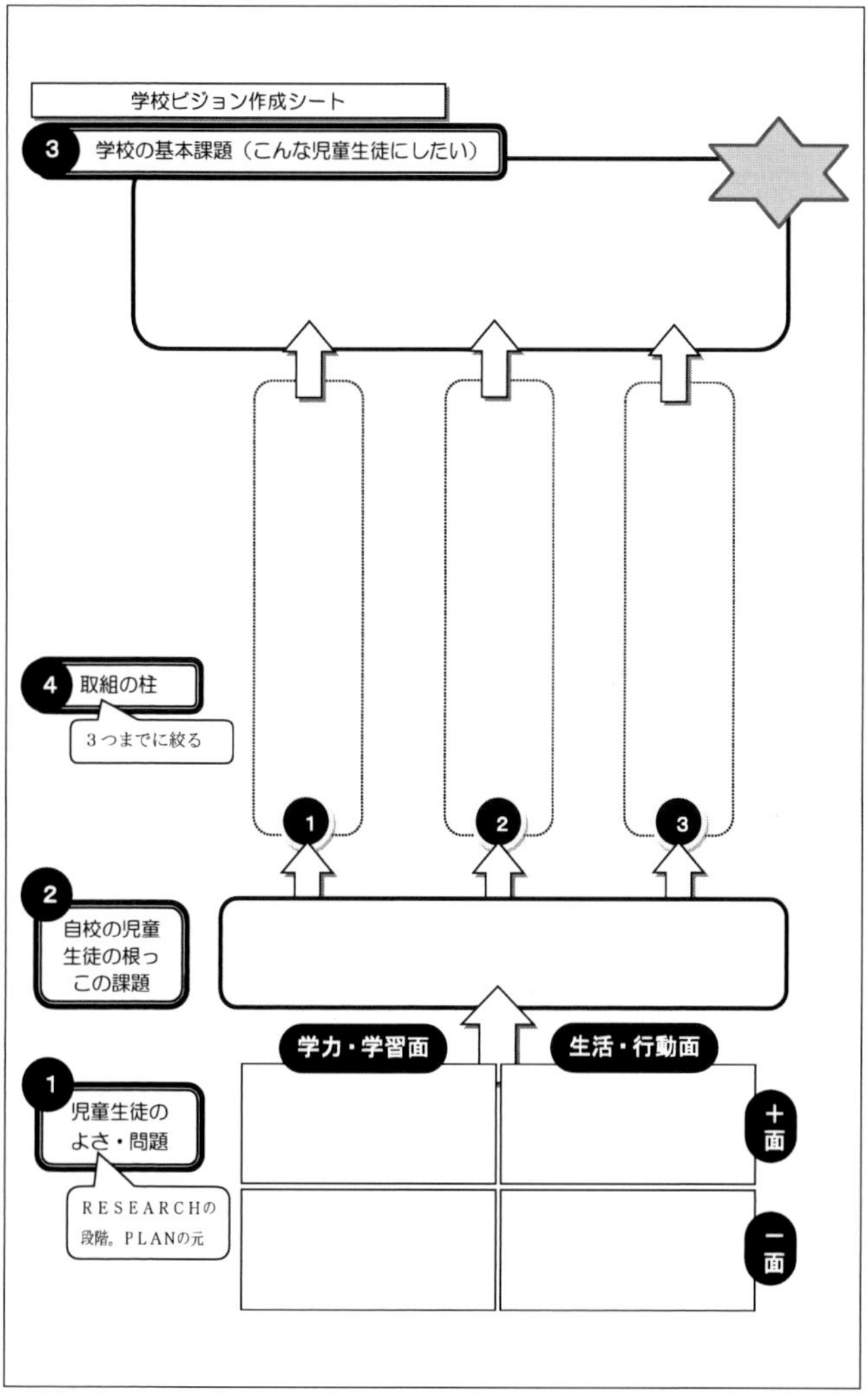
学校ビジョン作成シート
3 学校の基本課題（こんな児童生徒にしたい）
4 取組の柱
３つまでに絞る
1
2
3
2 自校の児童生徒の根っこの課題
学力・学習面
生活・行動面
1 児童生徒のよさ・問題
RESEARCHの段階。PLANの元
＋面
－面

図9

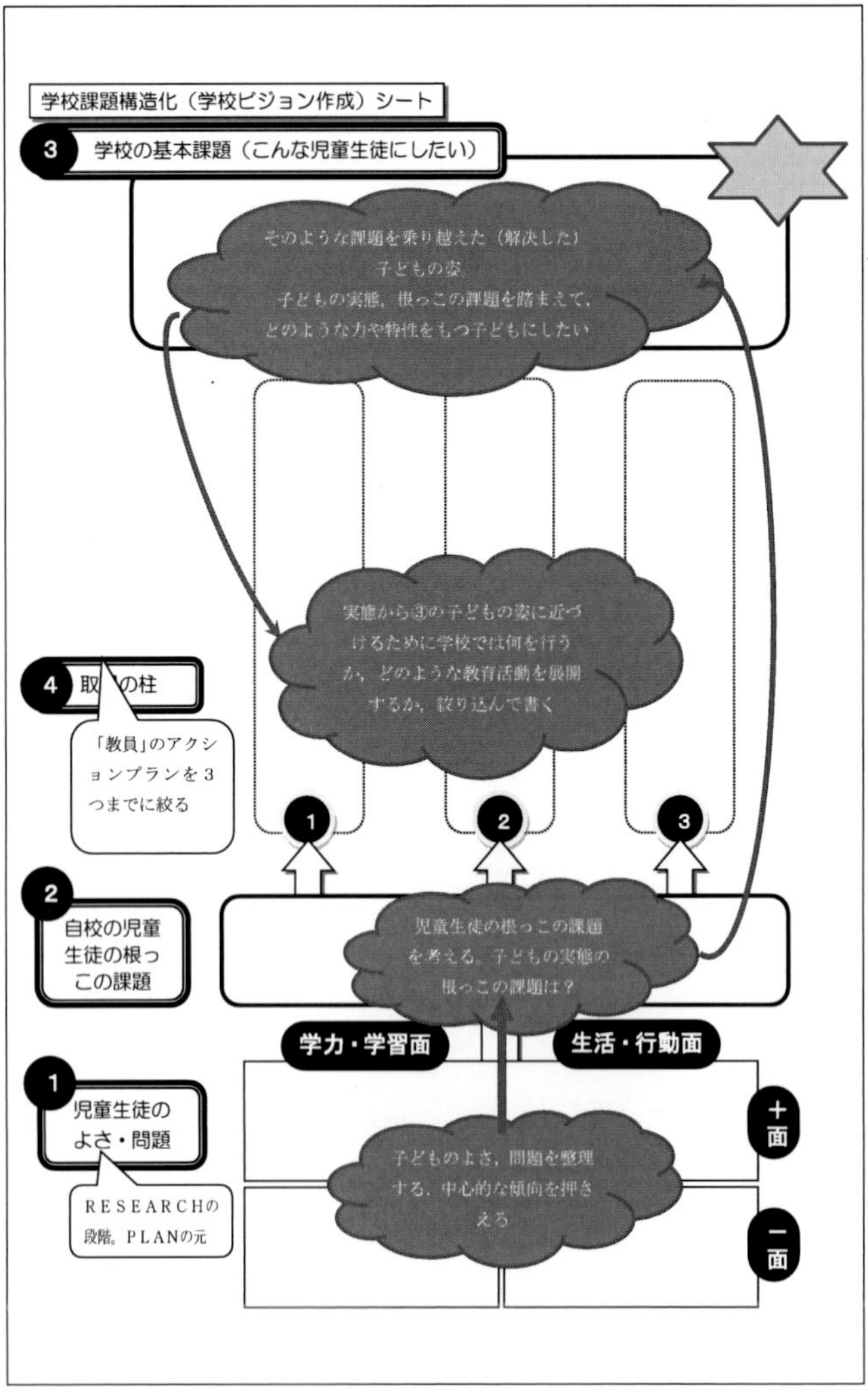
学校課題構造化（学校ビジョン作成）シート
3 学校の基本課題（こんな児童生徒にしたい）
そのような課題を乗り越えた（解決した）
子どもの姿
子どもの実態，根っこの課題を踏まえて，
どのような力や特性をもつ子どもにしたい
実態から③の子どもの姿に近づけるために学校では何を行うか，どのような教育活動を展開するか，絞り込んで書く
4 取組の柱
「教員」のアクションプランを3つまでに絞る
1
2
3
2 自校の児童生徒の根っこの課題
児童生徒の根っこの課題を考える。子どもの実態の根っこの課題は？
学力・学習面
生活・行動面
1 児童生徒のよさ・問題
RESEARCHの段階。PLANの元
＋面
－面
子どものよさ，問題を整理する，中心的な傾向を押さえる

4　ビジョンの具体的な作成手順と展開例とは？

●ビジョンを協働してつくる

さて、子供の実態からスタートする共創ビジョン作成のポイントは、**これを教員が協力してともにすすめる、すなわち協働して作成するということ**である。

教員が日頃向きあっている子供の実態について、ふりかえり、出しあい、整理して、確認する作業を、教員が協働して行い、さらに「育成課題」「実践課題」についても考えていくことである。

具体的に私たちが用いている手法は、近年学校でも定着しつつある、いわゆる「ワークショップ型研修」の手法を活用して行う方法である。教員をグループに分け、自校の子供のよさ、問題を、個人で整理した上で、それらをＫＪ法の手法を用いてグループで整理し、まとめ、確認するという方法である。

●ビジョン作成の事例から作成手順を理解する

協働的な作成手順について、具体的な展開例を挙げておく。

事例：子供の実態からビジョンをつくるプロセス

この学校は、高知県の学校コンサル事業の対象校として、2013年度からビジョンの作成と実践に取り組んだ学校である。2013年度の1学期から、校内研修の時間を使って、児童の実態の確認からビジョン作成に着手した。1学期のうちの数回の校内研修の時間を用いて行っている。実は、この学校は防災教育などの様々な実践研究に取り組んでいて、時間的にはタイトであったが、校長・教頭と研究主任が、共創ビジョンをつくることの意味や重要性を理解して、時間を工夫して取り組むことにしたのである。

まず、管理職が自校の児童の傾向について、テストや調査データなどをもとに整理し、教員に説明している。次に、教員をグループ分けして（4、5人程度）、児童の実態（よいところ、問題となるところ）を、ブレーンストーミング法を用いて出しあい、それを整理集約している。そして児童のよさ、問題に関する主要な内容を取り出し、その背景、要因など、いわゆる「根っこの課題」を設定している。

これらを整理して、いったんまとめ資料を作成している（図10）。

①子供の実態の確認

教員がそれぞれに日頃から認識している児童のよさ、問題をお互いに出しあい、整理して、主要な傾向にまとめた。この児童の実態を確認する局面では、きわめて率直なコミュニケーションがなされ、お互いにみていた児童の捉え方の共通点などが、あらためて確認されたり、場合によっては日頃の苦労話なども交わされた。

この学校では、児童の実態のうち教員が主要な問題として取り上げた事項は、「自分はこんなもの、自分の力はこれぐらいと捉える（諦める）傾向」「向上心やも公的意識も低い」「自己表現できない、しようとしない」であった。これらのうち、この学校の教員がとりわけ気になる問題と捉えたものが「自己表現」であった。

図10

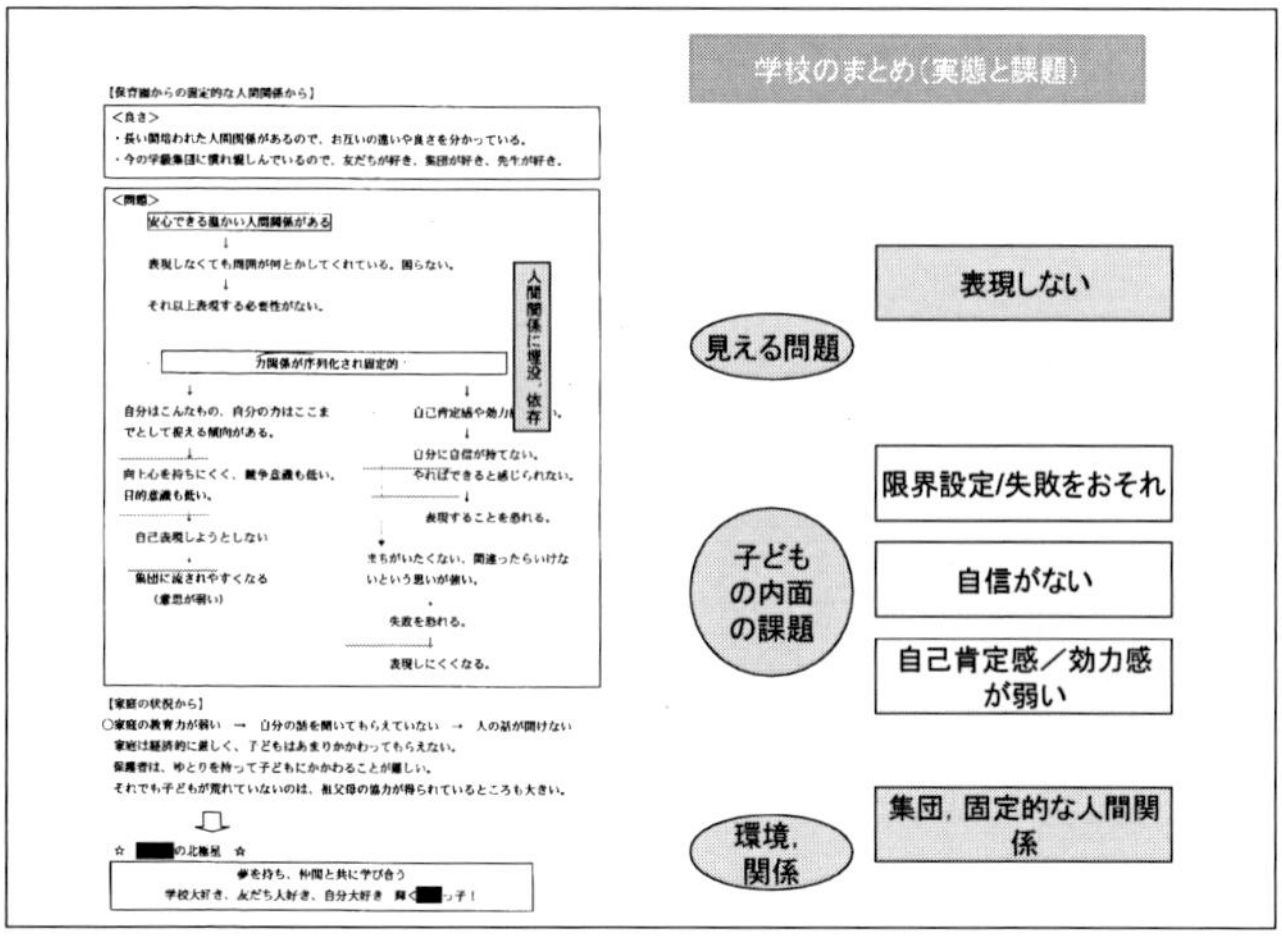

これは「自分の思いを表現できない」こととして、教員にとっては無視することのできない問題とされたのである。

②「根っこの課題」の探究

次に、この傾向の要因や背後にある要因（根っこの課題）を探究することとした。

この背景、要因を探究する過程では、当初、児童のまさに背景的な要因である地域性、とりわけそこに根ざす「児童集団の固定的関係」がいったん取り上げられた。しかしながら、この点については、たしかにそのような要因は児童の実態に深く関わっているが、それで児童の変容の展望が開けるのかという点から、さらに検討が加えられている。その結果、児童のなかに育ち切れていない要因として捉えなおすこととされ、「自信がもてない」「失敗を恐れる気持ち」として「根っこの課題」を設定している。

③北極星＝「育成課題」の設定

この後、この「根っこの課題」に教員が働きかけてどのような子供（人間）にしたいのか（育成課題）について、検討を重ねた。この学校の場合、上の児童の実態確認から「根っこの課題」については比較的スムーズに検討が進展したが、この「育成課題」については、校内の意見がなかなか収束しなかった。1学期の後半から、夏期休業中の研修時間を用いて、「育成課題」の設定について研修を重ねている。特に、「北極星は教員集団内部で共有するだけでなく、保護者や児童とも共有できるものにしたい」と考えたことから、北極星の表現について検討を重ねている。

つまり、この学校の場合、子供の実態、「根っこの課題」に対して、育てたい子供の方向性のイメージは教員のなかで固まりつつあったが、それを子供や子供に伝えるメッセージとして表現するためにどうすればよいかについて、教員が熱心に議論を重ねたのである。

筆者はこの検討の様子に接していたが、前述したように、大変多忙な学校でありながら、「いったい私たちはどのような子供を育てたいのか」について、時間を惜しまず熱心に議論されている先生方の姿を敬意をもってみていたことを覚えている。そのことは、おそらく日頃接している子供の姿を確認し、なんとかせねばならない児童の実態のコアなる部分を相互に共有したからではないかと思われる。なんとなく気になっている子供の様子ということでなく、なんとかしたい姿としてそのイメージが明確になったことと、さらにそれが教員の間で確認され、共有されたからであると思われる。つまり、教員の間で実態にもとづく課題意識が共有されたことが、熱心に粘り強く議論を重ねることの下地になっていたのではないかと思われる。それだけでなく、当時の校長・研究主任というトップリーダーならびにミドルリーダーが、教員が協力して取り組むことの重要性を深く理解し、校内研修の時間を確保し、オープンな雰囲気で運営していたことも大きな要因であったことも指摘しておかねばならない。

さて、「根っこの課題」から北極星の設定に議論を重ねていたが、教育センターのスタッフとの意見交換を経て、この学校が設定した「育成課題」（北極星）は、「人の言葉に感動し、自分の言葉に勇気をもつ」子供（人間）になろうとされた。「人の言葉に感動する」とは、友だちや仲間の話を受けとめて聞く、ということを示したものであり、「自分の言葉に勇気をもつ」とは、「相手にきちんと思いを伝える」ことを含意している。

目指す子供像や「育成課題」を表現する場合、いわゆる教員目線で示されることが多いように思われる。つまり、教員からの指示的事項のような表現になってしまうことである。例えば、「よく聞き、よく話す」などである。それに対して、この学校でとくに配慮したのは、教員がさせる、指示する事項としてではなく、子供自身が何をすればよいかがイメージできる表現にこだわったことである。これは先に述べたように、自分の学校の北極星を児童と共有したい、児童みずからが自分のこととして受けとめるものにしたいということで、この表現が工夫されたのである。

④「実践課題」の具体化

この北極星（育成課題）は、現在の子供の姿に対して、教員が協力して実践改善に取り組むことをとおして実現したい子供の在り方であるから、次には、それに向けて教員が子供にどのように関わるか、働きかけるかを具体化することが必要である。つまり、北極星に対する教員側の「実践課題」を明確にすることである。

この学校の場合には、北極星に対する児童の課題は、「自信をもてていない」「失敗を恐れる」こととして把握されている。そのため、子供に自信がもてるようにすること、ならびに自己肯定感を覚えるようにできることに焦点化して、教員の「実践課題」が検討された。その結果、教員が教育活動をとおして「一人ひとりの伸びを見つけて認めあう」「めあてをもってみずから学ぶことを促す」ことを基軸として設定された。この学校の事例では、教員の「実践課題」として表現されている内容は、やや抽象的な表現になっているが、具体の取り組み方としては、この学校で取り組んでいる補充学習の時間や教育活動（ミニ作文）のなかで、全教員がまず子供一人ひとりの伸び、変容を見逃さず捉え、それを認めかえしていくこととして確認された。

⑤保護者・子供とのビジョンの共有

この学校では、教員が工夫して作成したビジョンを保護者・児童とも共有するために、より単純化したポスターを作成し、出入り口、校長室などに掲示した。また保護者や子供に対しても校長が、この学校では「人の言葉に感動し、自分の言葉に勇気をもつ子供になってほしいと思い、先生方ががんばります」と、説明したという。

このような共創ビジョンによる取組を展開することで、教員の意識や行動にも効果が認められた。また、子供からの学校教育に対する評価も着実に改善した。

この学校では、子供の実態、課題の探究・設定について、校内研修を活用して教員の参画のもとですすめている。そして、校内研修で出された意見や情報を、研究主任や管理職を含めた推進グループで整理・集約しながら教員にフィードバックする役割を担っている。推進グループは、校内研修における意見を整理し次の検討課題を明確にする役割を担うもので、全教員参加型の校内研修をファシリテートする機能をもっている。

このように、この校内研修における全員参加型の情報交流と推進グループによる整理・集約を組みあわせて機能させることで、学校の合意形成をすすめたのである。

●実践ポイントをふまえてビジョンを作成する

共創ビジョンは、教員に納得され理解され実践に接合することを重視したビジョンの考え方である。その立場から、ビジョンを作成する際のいくつかのポイントを以下に示す。

学校ビジョンの実践ポイント

○プラン（P）の共有のためには、実態の認識を整理・共有しておくことが重要。
　プラン（計画）を共有しようとする前に、学校の現状（児童・生徒の実態）に関する認識を共有する。

↓R（Research　実態確認）－PDCAで考える。
○管理職のビジョンではなく、**組織のビジョン**をつくる。
↓ワークショップ型の研修などを活用し、教員みずからが子供の実態を考えて整理する。
○**「根っこの課題」**を設定する。
　対症療法的な（もぐらたたきのような）経営に陥らないためには、「根っこの課題」を探究・設定しておくことが有効。
○ロケット（実践の柱）は、**精選と徹底**。
↓学校ぐるみで取り組める取組を具体化して、絞り込む（一点突破型）。
↓これまでの学校の取組をそのまま入れない。工夫点、改善点を明確にする。

（「授業改善」ではなく「子供が学習課題をつかむことのできる授業の工夫」）

5　年間をとおした展開イメージとは?

ビジョンづくりに関して、4月以降、年間をとおした展開イメージを以下に図示する。これは、高知県教育センターの学校コンサル事業において展開されている手順を各学校の様子を交えながら図示したものである（佐古2013）。

図11　※企画グループは，推進チーム

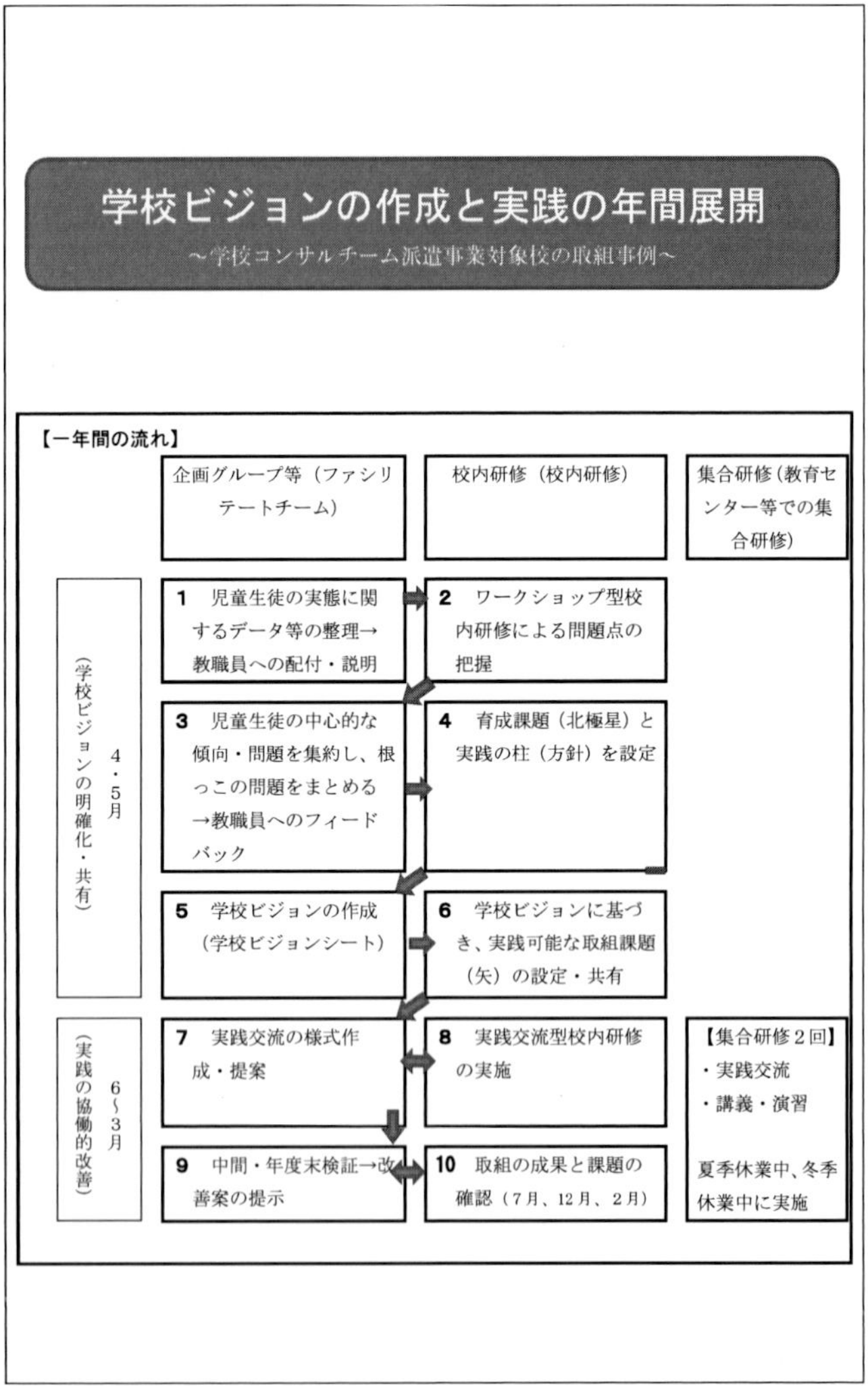
学校ビジョンの作成と実践の年間展開
～学校コンサルチーム派遣事業対象校の取組事例～
【一年間の流れ】
企画グループ等（ファシリテートチーム）
校内研修（校内研修）
集合研修（教育センター等での集合研修）
（学校ビジョンの明確化・共有）
4・5月
1　児童生徒の実態に関するデータ等の整理→教職員への配付・説明
2　ワークショップ型校内研修による問題点の把握
3　児童生徒の中心的な傾向・問題を集約し、根っこの問題をまとめる→教職員へのフィードバック
4　育成課題（北極星）と実践の柱（方針）を設定
5　学校ビジョンの作成（学校ビジョンシート）
6　学校ビジョンに基づき、実践可能な取組課題（矢）の設定・共有
（実践の協働的改善）
6～3月
7　実践交流の様式作成・提案
8　実践交流型校内研修の実施
9　中間・年度末検証→改善案の提示
10　取組の成果と課題の確認（7月、12月、2月）
【集合研修２回】
・実践交流
・講義・演習
夏季休業中、冬季休業中に実施

図12

Ⅰ　学校ビジョンの明確化と共有
1・2　児童生徒の課題の把握

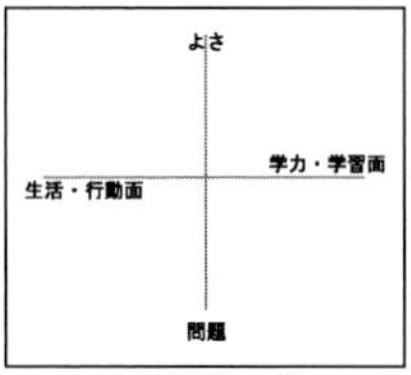

Fig. 1【認識マップ】

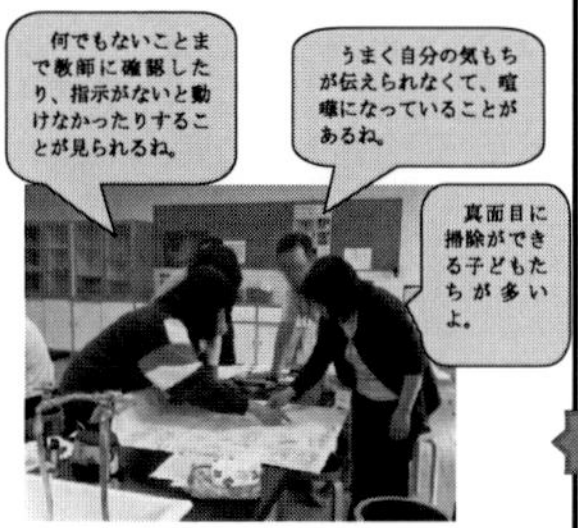

ワークショップの実際

見出しは、場面の言葉（「給食の時間」、「授業中」）等で付けない。
行動や様子が分かる言葉で！

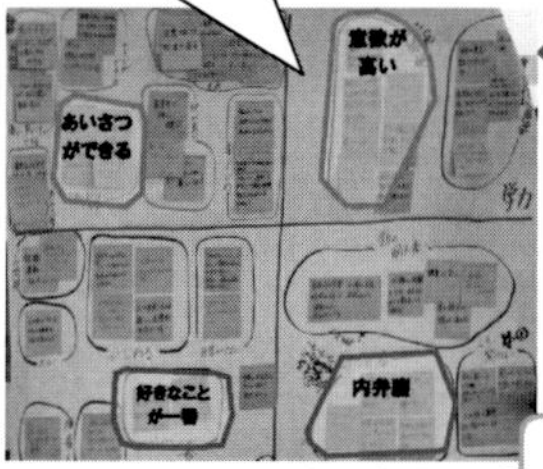

Fig. 2 ワークショップで作成した【認識マップ】

学校の教育活動の結果、児童生徒がどのような現状にあるのかを把握します。

「学校経営計画」にまとめた児童生徒の状況等を活用します。

〈準備物〉
① 各種調査結果のデータや学校評価のデータ
（学力・学習面、生活・行動面の実態把握に活用）
② 模造紙1枚、付箋20枚×2色×人数
マジック1ケース（各グループに準備）
フェルトペン（人数分）

【ワークショップの実施】２時間程度

〈手順〉

●全体（30分）

（企画グループ等作成の資料を基に説明）

① 学力・学習面や生活・行動面の状況が分かる資料（左図 fig. 1 と同様な枠組みで整理した「キーデータマップ」や、児童生徒の状況が記入された「学校経営計画」等を配付し、各種調査の結果から見える児童生徒の状況をつかむ。

●個人（10〜15分）

② 児童生徒の学力・学習面、生活・行動面の良さ・問題をそれぞれ、色を変えて付箋に書き出す。［例：赤（良さ）、青（問題点）

■「こんな時にこのようなことができる、できない。」等、できるだけ具体的に書く。
■できるだけ多く書き出す。「一人20枚書こう！」等、具体的に数値で示すと良い。

●グループ（40分）　学年団やブロックで

③ 考えを出し合い、整理する。（40分）

■似ているカードのグループに、行動や様子が分かる言葉で見出しを付ける。
■全体を確認し、重要だと思われる見出し部分を絞り込み、報告内容をまとめる。

●全体（30分）

④ 報告する（質疑応答）。（20分）
⑤ グループで話し合われたことをまとめ、全体で共有する。（10分）

このようにして、児童生徒がどのような現状にあるのか、大局的に把握していきます。

3　ワークショップの結果等を基に、企画グループ（管理職や研究主任等で構成）等で、中心的な問題点を発達の連続性を考え整理し、根っこの問題をまとめます。

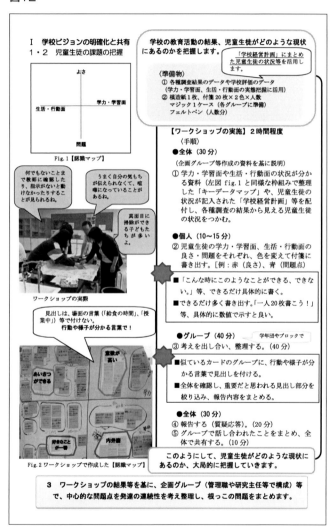

図12－2

4　育成課題（北極星）と
実践の柱（方針）の設定

企画グループ等で整理した児童生徒の中心的な問題点の根っこにある問題や要因・原因を基に、児童生徒に付けるべき力（育成課題：北極星）とそのための実践の柱（指針）を検討します。

【対象校の事例】

【中心的な問題点】
・聞くこと、伝える力、集団に流される

指導してきたのに、
何故できないのか？
何が欠けているのか？

【根っこの問題】
①自分の思いを表現できない
②自己肯定感が低く、自信がない

このような
能力や資質を備えた
児童生徒に！

【育成課題】
・人の言葉に感動し、自分の言葉に勇気をもつ

全ての児童生徒に
全教職員で
日常的に取り組む

【育成課題】
・人の言葉に感動し、自分の言葉に勇気をもつ
自分らしく、自分でうごく子

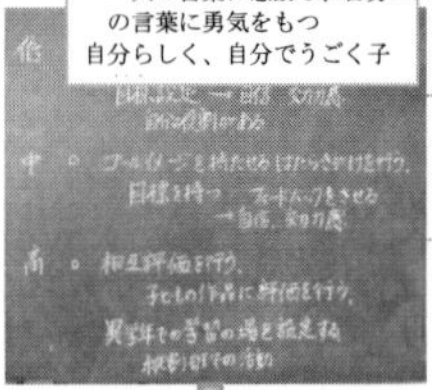

目標をもたせる

評価をする

【実践（改善）の柱（指針）】
○「一人一人の伸びを見付けて認め合う
○ めあてをもって自ら学ぶ

・●●タイム
・ミニ作文

●全体
① 前回のワークショップにおける全体に共通する内容（中心的な問題点）を取り上げ、その根っこにある課題について、企画グループから検討経過を説明する。

●グループ協議１（根っこの問題について）
② 説明を基に、学年団やブロックで話し合う。

P ■グループ協議を取り入れる等、全教職員が話合いに参加できるよう配慮する。

③ 報告し、確認する。

●グループ協議２（育成課題について）
④ 学年団やブロックで話し合う。

P ■育成課題は、根っこの問題と対応させて考える。
■育成課題は、教職員だけでなく児童生徒や保護者とも共有することができるよう、分かりやすく、インパクトのある表現を考える。
→企画グループ等で最終検討→提案

⑤ 報告し、確認する。

●グループ協議３［実践の柱（指針）について］
⑥ 学年団やブロックで話し合う。

P ■育成課題に対する柱となる取組を検討する。検討に当たっては、全ての教職員で一斉に取り組むことを前提とする。

⑦ 報告し、確認する。

このような流れで、育成課題（北極星）と実践（改善）の柱（指針）を考えます。ここまでは、できるだけ、短期に集中して作成します。

5　話合いを基に、企画グループ等で育成課題（北極星）と実践（改善）の柱（方針）を、言葉を吟味しながら検討し、学校ビジョンシートに落とし込みます。

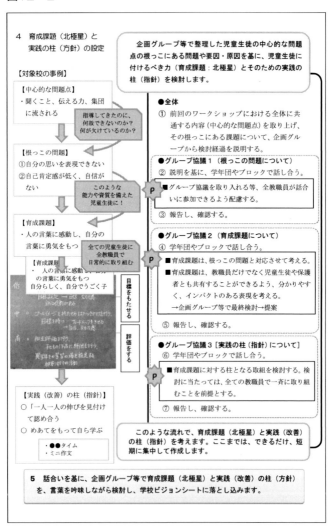

図13

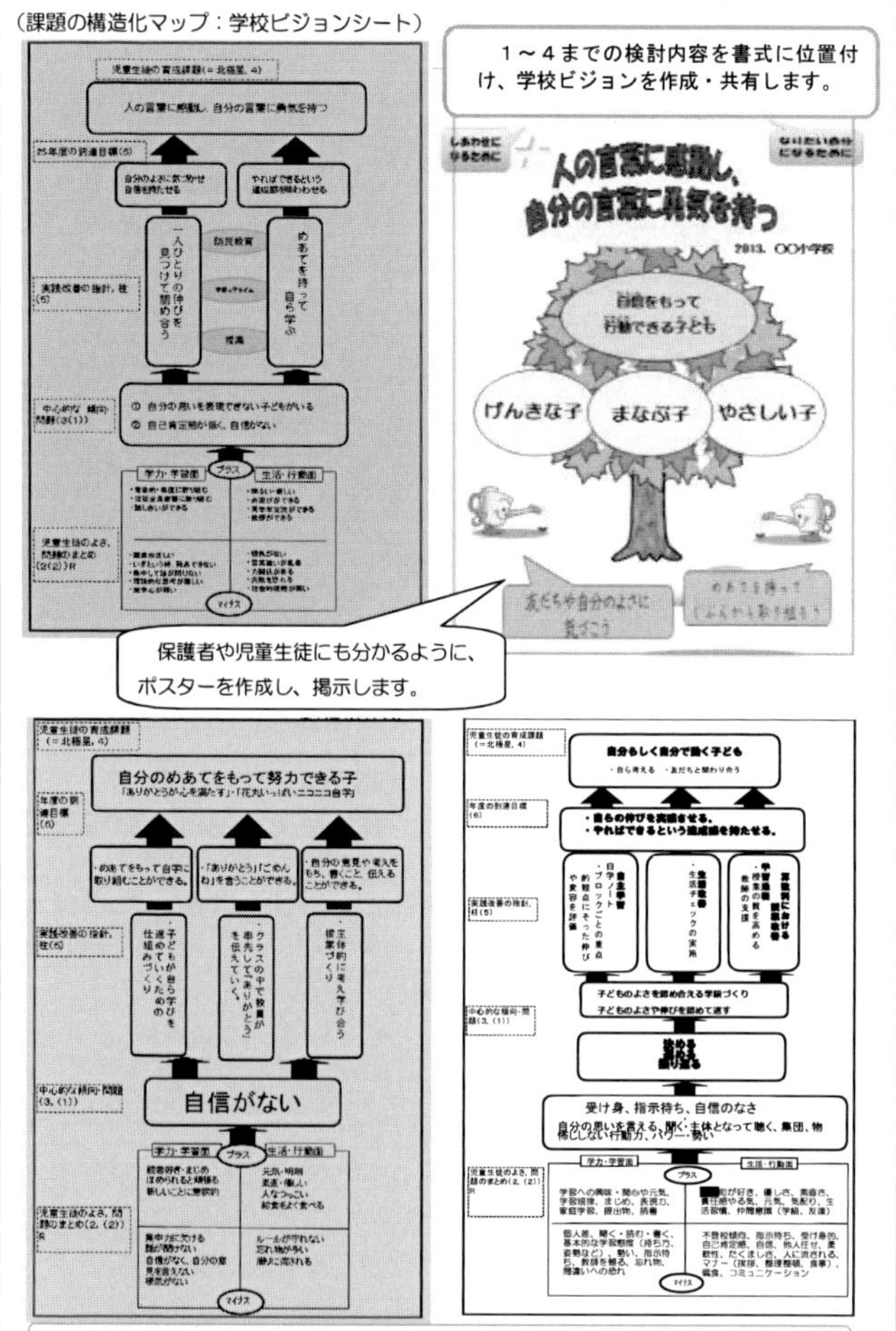

6　企画グループ等で、育成課題の実現に向かう「矢」を、実践（改善）の指針を基に具体的に検討します。全校での統一した取組となるよう、細かなところまで、具体的に検討するとよいでしょう。

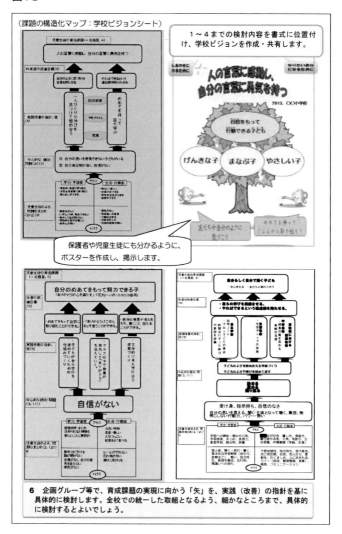

図13－2

6　育成課題実現のための取組（ロケットあるいは矢）の検討

ロケット

・自学ノートを中心に、承認情報を返す。
自学ノートと授業とを連動させる。等

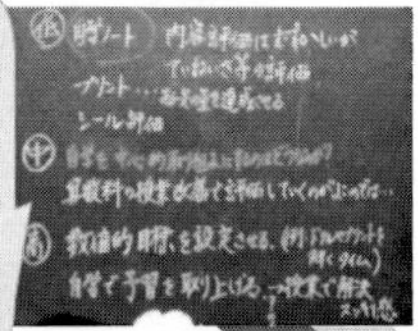

ロケット

・自学ノートを中心に、一週間に一回全ての児童生徒に、承認のコメントを返す。

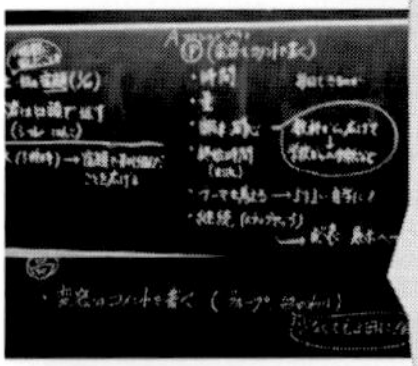

実際に実践を展開していくために、企画グループからの提案を基に「いつ、誰が、どこで、どのように」行うのか、その内容を具体的に確認し、共有し

●全体

① 研究主任から、実践（改善）の柱（指針）に沿って、検討した取組について、全体に

P　どの時間帯で、どのような方法で実施し、評価を返すか、できるだけ具体的に説明する。

●グループ

② 研究主任からの説明を受け、疑問点や問題点を出し合い、具体的な実践内容を検討する。

●全体

③ 各グループから報告をする（質疑応答）。

④ 取組（矢）の確認をする。

P　■「この程度のこと・・・」と思わず、細かなことまで、確認する。

・事例校の場合は、既に行っている取組を見直す為に疑問点や問題点を出し合う中で、個々の教員の取組方の違いが明らかになった。それに伴い、共通理解や改善の必要な点も明らかになり、きめ細かな話合いのもと、新たに導入することや条件などが確認された。

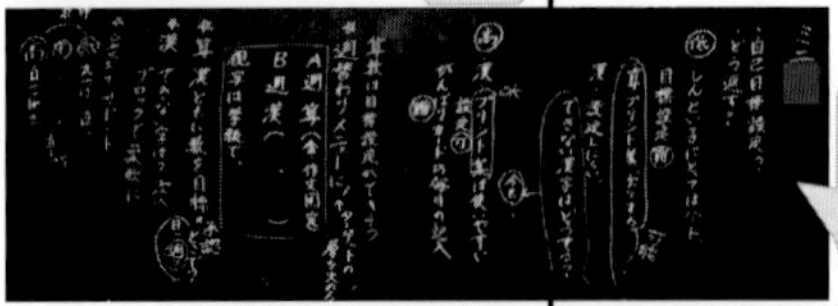

・●●タイムは週替わりメニューを設定。
・サポート体制を組み、必ず評価を返す。　等

全教職員の共通理解のもと実践が展開されるよう、「いつ、誰が、どこで、どのように」行うのか、話合いを通してイメージを具体化しましょう。

実践する具体的な内容（矢）が決まったら、企画グループ等で、その内容を通して児童生徒がどう変容することを期待するか、指標等を活用してその年度の到達目標を設定します。また、次の段階として、取組の確実な実施に向けた仕組みについても検討します。

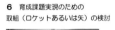

第Ⅲ部

組織のビジョンと教員のサイクルが元気な学校をつくる

実践例と概念モデル

第1章　ビジョンを共有した実践の交流

1　学校課題を明確にした後、どう実行する?

学校課題が形成され、そのなかに学校の取組の柱や方針が明確にされた後は、いよいよそれを実践に移す段階になる。学校ビジョンの「育成課題」とは、自校の子供の実態をもとに身につけさせたい能力や資質として設定されたものである。ここで、学校において表出される子供の実態には、その学校の教育活動が対応しているとみるべきだろう。つまり、子供の実態として立ち現れる姿は、その学校の教育活動の質が反映されている。したがって、従前の教育活動をそのまま繰り返していては、子供の実態をふまえた「育成課題」の達成には至らないことは当然である。子供の実態を「育成課題」（北極星）に向けて変容させていくためには、実践の捉えなおしが必要となる。そして、教員がビジョンの「実践課題」を意識しつつ、子供の実態に応じてみずから工夫し、実行していくことが求められるのである。さらに実践の成果と限界を確認し、ビジョンの検証・見なおしを行うことができれば、ビジョンそのものも学校の実状にそったものへと改善されていく。つまり、ビジョン⇓実践⇓ビジョンの見なおし⇓実践というように、ビジョンと実践をつないでいくことによって、学校が継続的に教育活動を改善していく有効な筋道が成り立つ。

私たちは、実践段階において、教員が、ビジョンを受けとめて主体的に教育活動の改善に取り組むことと、かつその成果や課題を学校で共有し、学校の組織としての学びを深めることを支援するために、ビジョンの実践段階におけるツールを用いている。それは、**教員個人の実践のふりかえりをサポートするミニレポートと、それを交流する場（実践交流会）の設定**である。これら2つの要素、ミニレポートと実践交流会によって運営される校内研修を**「実践交流型研修」**と呼ぶ。

●実践を個人がふりかえるツール：ミニレポートを使用する

まず、教員がビジョンにもとづく実践をふりかえるためのツールとして、ミニレポートもしくは、写真レポートと呼ぶシートを使用する（図1・2）。

図1

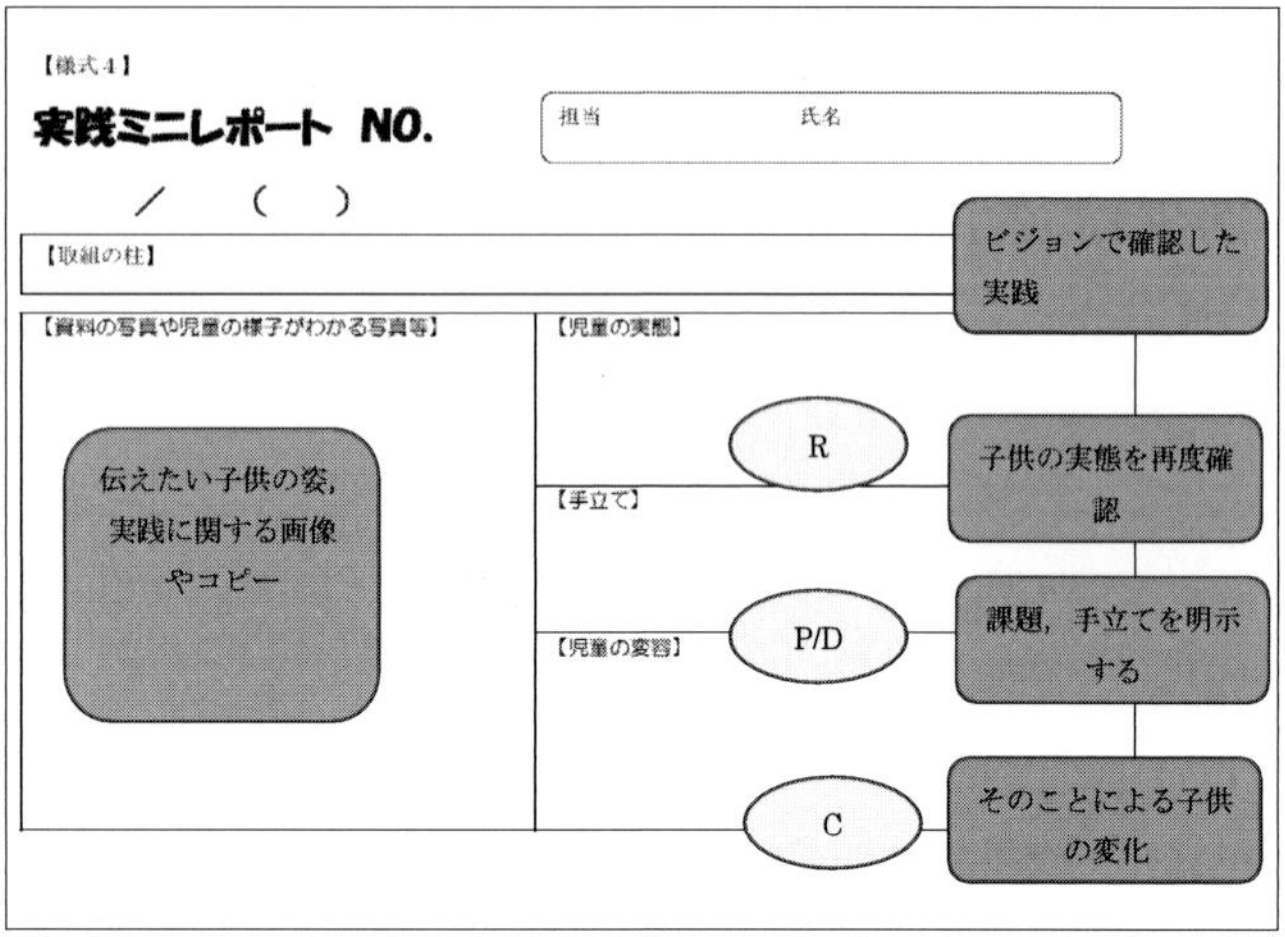
【様式4】
実践ミニレポート NO.
担当
氏名
／ （ ）
【取組の柱】
ビジョンで確認した実践
【資料の写真や児童の様子がわかる写真等】
【児童の実態】
伝えたい子供の姿，実践に関する画像やコピー
R
子供の実態を再度確認
【手立て】
【児童の変容】
P/D
課題，手立てを明示する
C
そのことによる子供の変化

図2

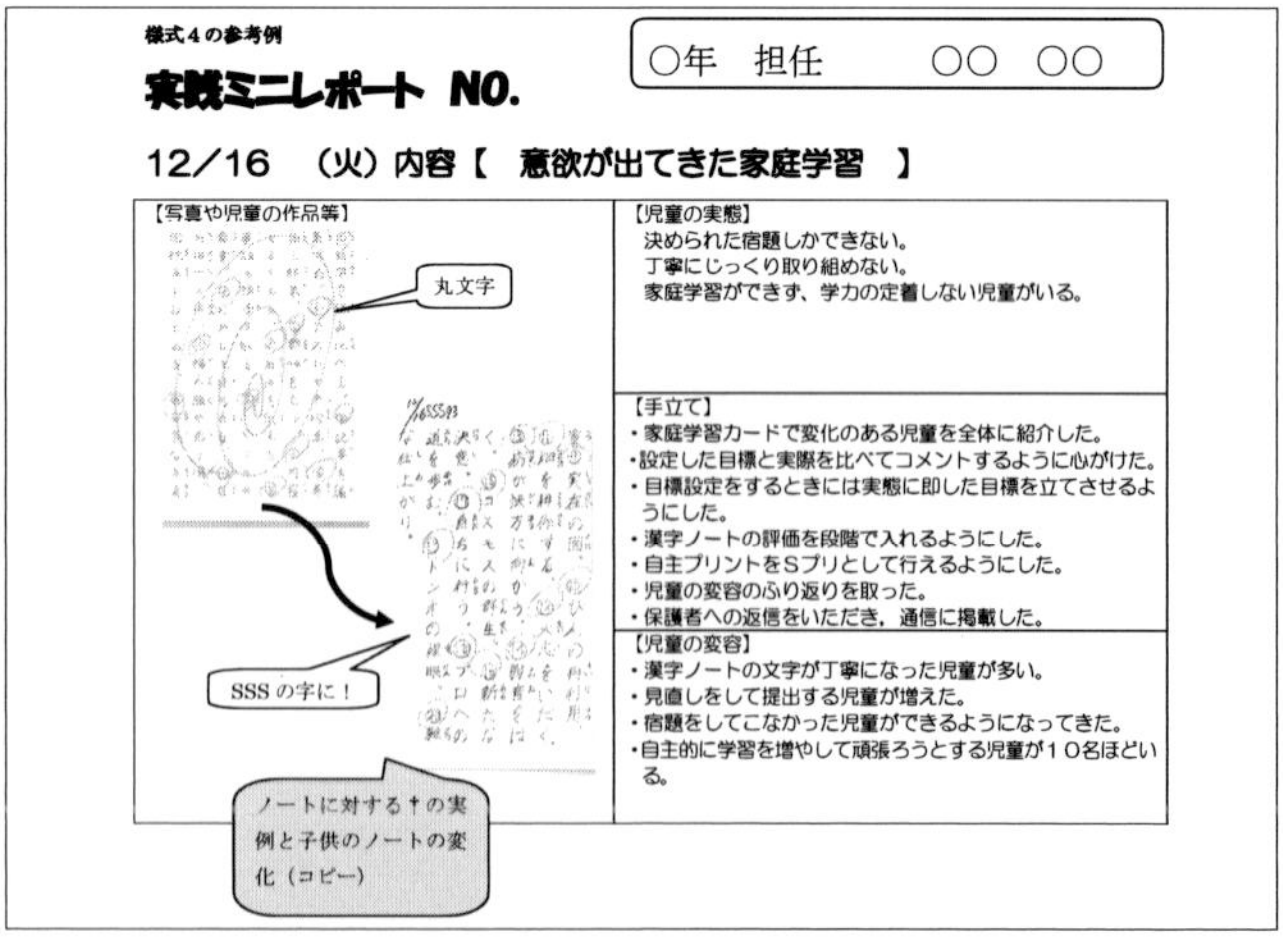
様式4の参考例
実践ミニレポート NO.
○年 担任 ○○ ○○
12／16 (火) 内容【 意欲が出てきた家庭学習 】
【写真や児童の作品等】
丸文字
SSSの字に！
ノートに対する†の実例と子供のノートの変化（コピー）
【児童の実態】
決められた宿題しかできない。
丁寧にじっくり取り組めない。
家庭学習ができず，学力の定着しない児童がいる。
【手立て】
・家庭学習カードで変化のある児童を全体に紹介した。
・設定した目標と実際を比べてコメントするように心がけた。
・目標設定をするときには実態に即した目標を立てさせるようにした。
・漢字ノートの評価を段階で入れるようにした。
・自主プリントをSプリとして行えるようにした。
・児童の変容のふり返りを取った。
・保護者への返信をいただき，通信に掲載した。
【児童の変容】
・漢字ノートの文字が丁寧になった児童が多い。
・見直しをして提出する児童が増えた。
・宿題をしてこなかった児童ができるようになってきた。
・自主的に学習を増やして頑張ろうとする児童が10名ほどいる。

私たちが、実際に用いているレポート様式（シート）はA5判程度で、およそ6割が写真やコピーなどを入れる部分であり、残る4割程度が記述部分である。この記述部分には、4つの要素を組み込んでいる。

1番目の欄は、実践のテーマを記述する欄である。例では、ビジョンで設定した「実践課題」をふまえて家庭学習への関わり方についてのテーマが記載されている。それに続いて、3つの欄が設定されている。最初の欄は、子供の実態を簡単に記述する欄である。ここには、ビジョンにそって再度自分のクラスや担当の子供の様子を具体的に確認して記述する。2番目の欄は、この子供の実態をふまえ、ビジョンにそって考え実行した実践内容を書く。子供の実態に対してどのようにそれを受けとめ、どのような工夫や配慮を加えて実践を行ったかを簡潔に書く。そして3番目の欄は、その実践に対する子供の反応や変化を書く。

そして、左側の写真欄は、実践内容や子供の様子に関する写真や資料を入れる欄である。ここには記述した内容が理解しやすくなるように、写真にこだわらず、例えば子供のノートや教員のコメントの具体など資料のコピーなどを入れるようにしている。例では、家庭学習に対するこの教師のコメントの実例をコピーで紹介している。記入する欄は、教員の負担などを考慮し、数行程度のスペースとしている。

このように、このレポートはビジョンにもとづく実践の事実、子供の事実を教員が整理し、発信するツールである。シートの欄構成からもわかるように、学校ビジョンをふまえて、教員個人が再度、子供の実態⇓課題・実践⇓子供の実態のサイクルをたどって、自分の実践を捉えなおすツールである。そしてこのレポートは、あるべき姿ではなく、実践と子供の事実を捉え、ふりかえるツールである。

ビジョンの作成については、すでに説明してきたように、それぞれの学校の子供の実態からスタートして、「根っこの課題」の探究を経て、「育成課題」を設定し、それを実現するための「実践課題」の明確化を一連の流れとして設定する。子供の実態に向きあいながらみずからの教育活動の在り方を捉えなおすプロセスをたどって、ビジョンを作成するのである。これは全校的なプランニングという意味で、大きなサイクル（実態⇓課題⇓実践）を構成する作業である。

他方、教員のレポートを活用した実践交流型研修は、教員がこのビジョンを受けとめてみずからの実践を構成し、子供の変容をたしかめていくプロセス（実態⇓課題⇓実践）である。個々の教員が成立させるサイクルという意味で、これは小さなサイクルといえる。

レポートをつくる上での基本的な留意事項は以下のとおりである。

①形式的な報告ではなく、気づきや心が動いたことを発信する。

学校で教員が実践に関する情報を交換する場合には、往々にして形式的な内容になりがちである。要するところ、具体性がなくきれいごとに終わることが少なくない。このレポートを作成する上でのポイントは、ビジョンにそった実践を記すのであるが、他の教員に伝えたいこと（例えば心が動いた子供の反応、意外に思ったこと、自分でもよく工夫したと思われることなど）を記すようにする。つまり、ビジョンにもとづく実践のなかで、他の教員に伝えたいことを、シートの構成にしたがって記すことが重要である。

②全員がつくる。

第二には、全教員（管理職を含む）が作成することである。一部の教員や若手教員だけにシートを作成させるのでは、教員が協力して実践改善に取り組むことにはつながらない。管理職も含めて全教員がつくることを原則とする。管理職らはそれぞれの立場で、ビジョンの具体化について実践したことをまとめるようにする。

●実践を交流・共有する場：実践交流会をつくる

ビジョンにもとづく実践の成果と限界・課題がどのようなものであるか、また実践のさらなる改善をどのように進めればよいかを考えるためには、個人的なふりかえりだけでは限界がある。子供の見方や実践の在り方などについては、個人ではなく教員の集団的な活動として取り組むことができれば、多様な見方や知識が共有できるようになる。

このため、レポートにもとづいて教員がそれぞれに実践内容と子供の様子を交流する場を設定する。具体的には、校内研修の時間などを活用して、レポートを活用した実践交流会を実施するのである。

実践交流会の具体的な手順を述べておこう。

①教員を、4~6人程度のグループに分ける。

②グループ内で、それぞれの教員がレポートを説明し（補足的な説明を入れてもよい）、意見の交流を行う（概ね1人あたり5-10分程度）。

③一巡したら、グループのなかでよいと思われる実践や子供の様子、グループで話しあって全校で共有したいと思われること、あるいは全校で考えてもらいたいことなどをまとめる。

④全体でグループからの報告とシェアリングを行い、次回のレポートのテーマなどを確認する。

図3

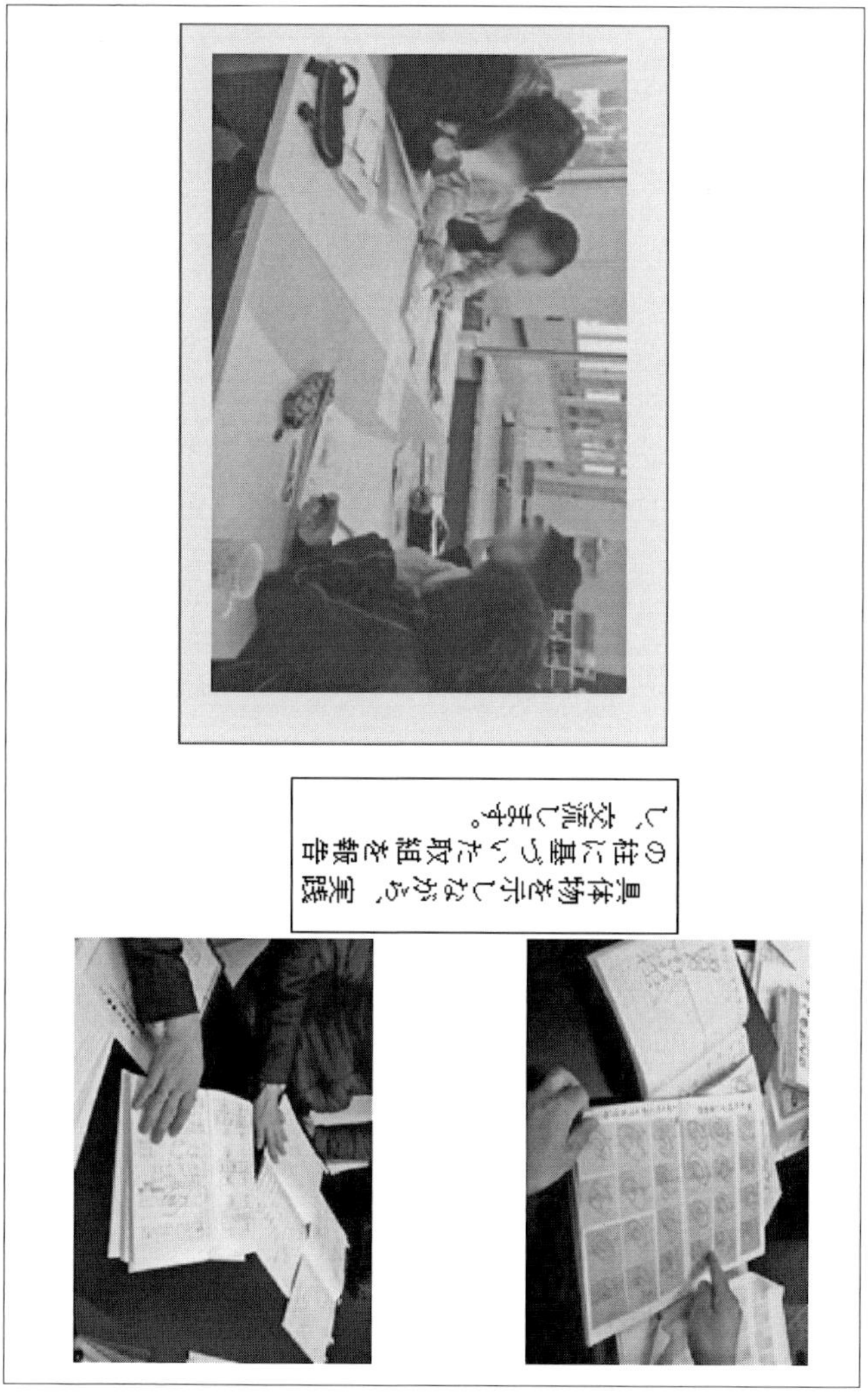

2　実践交流型研修の留意点は？

実践交流型研修の基本的な留意点としては、

①先輩が後輩を指導する場ではなく、すべての教員がレポートを説明し、双方向的に意見の交換を行う。

②レポートの内容については、批判することよりも、まずはグループで受けとめる。

③レポートにもとづく説明と交流だけでなく、実践の工夫や子供の様子をより具体に示すことのできる実物（例えば子供のノートや教員が作成したワークシートなど）を持ち寄り、それを見せながら説明する。

④頻度としては、学期に２回程度実施することが望ましい。

実践交流型研修の展開の概要を図４に示す。

図５は、実践交流の具体的方法について準備物などを含めて解説したものである。

図4

実践交流型研修の展開

学校ビジョンにおける実態改善のポイント確認

↓

実践交流型研修の日程確定（学期に2回程度）

↓

教員は期間中に，学校ビジョンにもとづく実践について，具体的な内容とそれによる児童・生徒の反応，変容を簡潔にまとめ，シート（レポート）を作成する。

↓

教員のレポートを集めた資料をもとに，交流型研修を実施する。

↓

全体で取り上げるべき実践や課題を共有する。

レポートの様式は資料などを参照。

○具体的な実践と児童・生徒の様子を書く。

（報告書ではなく，学校で共有したい，知らせたい内容を選んで具体的に書く）

○当初は，成果ベースで（児童・生徒の変化を肯定的な視点から）捉える。

○管理職，教員でない職員もそれぞれの立場で学校ビジョンをふまえた活動についてレポートを作成することが望ましい。

実践交流型研修

○あらかじめ研修の実施時期を確定しておく（学期に2回程度）。

○提出されたシート（レポート）を集めて資料を作成しておく。

○教員をグループに分け（4-5人程度），グループで各自のレポートを説明し，検討しあう。

○グループのなかで全校で共有すべき実践事例，子供の変容などを選んで，全体で確認する。

図5

実践の協働的改善

7・8　実践交流型校内研修の実施

実際に実践を展開し協働的に進めていくために、実践交流型校内研修を学期に１・２回程度実施します。

【具体物を用いた実践交流】

具体物を示しながら、実践の柱に基づいた取組を報告し、交流します。

【グループ交流】
・身を乗り出して話を聴く様子が見られるなど、学んだことを自己の実践に繋げるため、積極的な意見交換がなされていました。

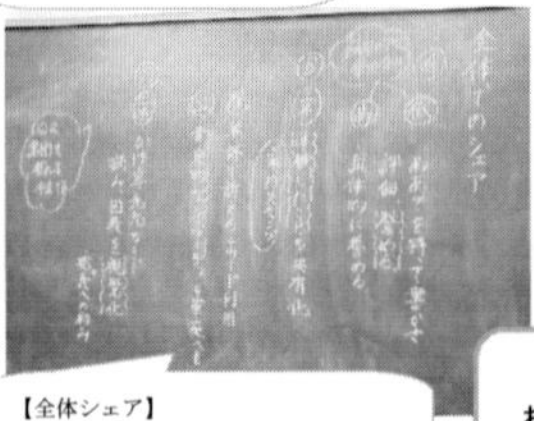

【全体シェア】
・グループで紹介された取組から、一押しの取組を全体に報告します。

●グループ交流

・質疑応答も含めて一人７～10分程度で報告。

●全体

・グループからの報告
　①　一押しの取組
　②　グループの中で解決できなかったこと
　③　全体検討が必要なこと
・質疑応答
・確認

・年間計画に基づいて実施
・事前にレポート提出
→まとめて
印刷・配付
・傾聴の姿勢
・全員参加

【写真レポートの様式】Ａ５判程度で作成

写真	児童生徒の実態
	手立て
	変容

【作成例】

【児童生徒の実態】
全体的に泳力が低い。

【手立て】
・次の課題や目標をもたせるため、１時間の授業の中で必ず全員に声かけをする。
・水泳カードに、今日したことと次の目標を書かせ、意欲付けをする。

【変容】
・カードに記入することで、自分の課題を再認識し、意欲的に取り組んでいる児童や、授業後すぐに次の課題を告げに

年間計画に位置付けて実施します。学校ビジョンにおける実践（改善）の柱に基づいた取組報告であることを常に意識できるようにしましょう。

第2章　個人の学びと組織の学びの連環

1　大きなサイクル（組織）と小さなサイクル（個人）をどう回す？

●実践の具体からビジョンを見なおす

このように、共創ビジョンの作成と実践は、全校的なサイクルと教員個々のサイクルが連接連環している点が特徴となっている。つまり、全校のプランニングと教員の実践が関連しながら進展していくのである（図6）。そして大きなサイクル、小さなサイクルとともに、教員の協働によってすすめていくのである。ところで、大きなサイクル（全校ビジョン）と小さなサイクル（個人の実践）の連環は、単に大きなサイクルのもとで小さなサイクルが回ることを意味するだけではない。逆に、小さなサイクルから大きなサイクルを見なおして修正を行うこともできる。実践の具体を通した全体ビジョンの修正である。

図6

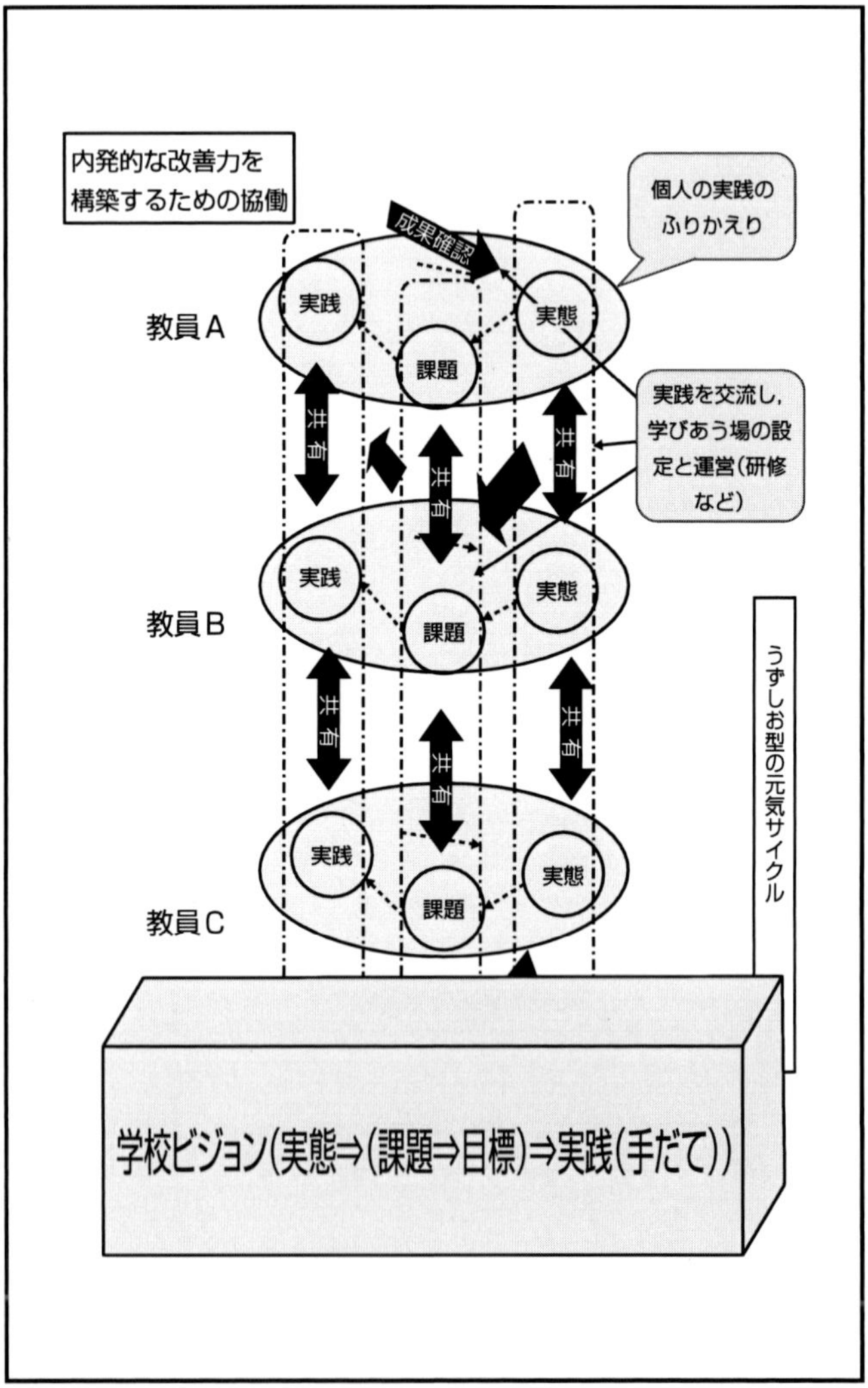
内発的な改善力を
構築するための協働
成果確認
個人の実践の
ふりかえり
教員A
実践
課題
実態
共有
実践を交流し，
学びあう場の設
定と運営（研修
など）
教員B
実践
課題
実態
うずしお型の元気サイクル
教員C
実践
課題
実態
学校ビジョン（実態⇒（課題⇒目標）⇒実践（手だて））

これについて事例を紹介しよう。

この事例も、高知県教育センター学校コンサル事業の一環として共創ビジョンの作成と実践に取り組んだ学校の事例である（次の事例の記述は、佐古２０１８　学文社所収の論文を一部加筆修正したものである）。

事例：共創ビジョンと実践交流で変わる学校

この学校は、平成２６・２７年度に、高知県の学校コンサル事業の対象となった小学校である。高知県教育センターの担当者と私が学校に関わり、学校のビジョンづくりとビジョンにもとづく実践改善を、学校の先生方とともにすすめた学校である。

当初、この学校の教員は、子供の言葉遣いや授業態度、さらには遅刻の多さなどに頭を悩ませていた。そのため、先生方は懸命に努力して取り組んでいるが、なかなか展望がもちにくい状況であった。

私たちはそのようななかで、学校のビジョンをつくることから着手することとした。子供の問題に日々頭を悩ませ、目の前の出来事の対応に追われて、子供にどう関わるべきか、それは何のためか、つまり日々の実践を方向づけるねらいや意義がみえにくくなっていると思われたからである。
ビジョン作成の考え方や方法論の具体は、本書の第Ⅱ部で述べたとおりであるが、この学校での手順は以下のようであった。

①学校ビジョンの作成

2014年度の4～5月にかけて、最初のステップである児童の実態確認の共有を行っている。まず、管理職が子供の学力や学校生活の特徴について、データなどの整理を行い、教員に説明を行った。これに次いで、すべての教員によるブレーンストーミングとKJ法を組み合わせた研修を実施し、事例校の児童の実態（よさ、問題）の整理集約を行っている。それに引き続いてそのような子供の実態の基本的な要因（根っこの課題）と育てたい子供の姿＝「育成課題」（北極星）について教員が意見を出しあい、校内で集約してとりまとめている。そしてその後、そのために教員のアクションプランとしての「実践課題」を設定した。

この学校の場合、2014年度には、厳しい家庭環境の児童が比較的多いこと、授業には入れない児童の存在、難しい問題から逃避しようとする傾向の強いことなどから、子供の「根っこの課題」を「自己肯定感・自律性の低さ」と設定した。そして「育成課題」としては、人との関わりを大切にして「『あったか言葉　にこにこ笑顔』が出るような子供にしたい」が掲げられた。

これは日々子供の言動に悩んでいた先生方の率直な思いの表明であると思われた。

次いで、この学校の子供の現状を、北極星の方向へと変えて（近づけて）いくために、教員はどう関わればよいかを、やはり教員で考えあい、まとめていった。この年度に設定された「実践課題」は、「人の話を受け止めて聴く」「子どものものびやがんばりを認めてかえす」「気になる児童に、毎朝肯定的な声かけをする」の3点である。

子供の実態から教員の「実践課題」に至る検討過程を1枚のシート（ビジョンシート）にまとめ、学校のビジョンとした（図7左）。この学校では、子供の実態からビジョンを作成する一連の過程は、校内研修の時間を活用して教員の協議検討を重ねて進められたが、比較的スムーズに進展した。これは、子供の実態とそれをなんとかしたいという思いが、どの教員にも共通していたからだろう。

しかしながら、ビジョンの作成後、実践に移った段階で、再び見通しがもちにくい状況になった。

②ビジョンにもとづく実践とその交流

2014年度の2学期からこのビジョンをもとに実践が展開された。子供の自己肯定感の低さに問題の所在を求めた教員は、「子どものものびやがんばりを認めて（子どもに）かえす」ことに重点をおいた。子供への承認を強めて、自己肯定感につなげようとする意図であった。

この学校では、教員がこの実践を行い、その様子を互いに共有するために、学期に1、2回程度、実践を交流しあう校内研修（実践交流型研修会）を実施した。そこでは、「子どものがんばりを認めてかえす」ことについて、各教員が実践した内容を、子供の実態と教員の取組に対する子供の反応とともに、簡単なシート（ミニレポート）にまとめ、それを述べあうことがなされた。ミニレポートは、校長をはじめ、全教員が作成し共有している。

この年度の実践交流型研修会では、教員が「子どものびやがんばりを認めてかえす」ことを、様々な場面で行ったことが語りあわれたが、教員の手ごたえは、いま一つだったようである。実践交流型研修会では、ベテランの教員を中心に、「実践していることが、子供にはたしてどう受けとめられているのか？」という疑問が出されることも少なくなかった。教員が取り組んでいることが、はたして子供に伝わっているのか、子供の実態をふまえ、その基本にある課題を設定し、「実践改善」（子供への働き方の見なおし）を行ったにもかかわらず、変わらない子供の姿をみるにつけ、教員にとっては、その意味がつかみづらい現状が続いた。

③転機とビジョンの見なおし

そのような状況のなかで、一人のミドルリーダーの教員からのミニレポートにもとづいてなされた話が、この学校に転機をもたらした。

この教員も学校ビジョンにもとづいて子供のよさを認めることに取り組んでいたが、自分の学級の状態も苦しい（授業が思うように進まない）状態が続いていた。なぜ子供には伝わらないのだろうか、悩みながらもこの教員は、自分の学級の子供の状況をふりかえりつつ、子供を認めること（承認）にいくつかの種類があることを研修で学んだことを思い起こした。自分の学級の子供に対して「がんばりやよさを認める（ほめる）こと」は、子供の実態にあっていたのだろうか？　自分の学級の実態をふりかえるにつれ、がんばり、よさをさがす前に、とにかく教室にいること、学校に来ていることそのものを認めることから始めるべきではないかと考えるようになった。登校してきた児童をとにかく温かく迎えること（存在承認の考え方）が重要だと考えたのである。端的には、登校してきた子供に対して、どのようなことがあってもその姿を認め、「よう来たね！」という声をかけ続けることを辛抱強く実践した。

これを続けるうちに、その子供の様子も少しずつ変わり、それに伴って授業の展開も次第に容易になっていった。このような自分の取組と子供の反応を、3学期のレポート研修のなかで説明を行い、全校に紹介した。

この教員の実践とふりかえりは他の教員からも関心が寄せられた。この学校の子供の実態を再度考えたとき、たしかによさ、がんばりをさがすのではなく、学校に来ていること、教室にいること自体をしっかりと受けとめること、そしてそのように教員が受けとめていることを子供にかえすことが必要であることが他の教員にも認識されるようになった。

このような校内研修での検討をふまえ、また教育センターのスタッフのアドバイスも受けて、年度末にビジョンの見なおしを行うこととした。

1年間の実践の成果と課題について、校内研修で議論するとともに、研究主任を中心とするチームが意見を集約していった。その結果、この年度に作成したビジョンのなかで、子供の実態の背景にある「根っこの課題」の設定に問題があったことがまとめられた。

つまり、この学校では、子供の課題を「自己肯定感」や「自律性」という一般的であいまいな言葉で捉えていたことに限界があったことが議論された。自校の子供の課題をより適切に見いだすこと、つまり子供の状況により適合する課題を設定することが検討された。

教員が行った実践の内容と子供の反応を捉えなおし、自校の子供の実態に寄り添った課題が再度探究されたのである。その結果、「根っこの課題」は「自分を大切にしてもらった経験が少ない」と修正された。これは自己肯定感という一般的な捉えではつかみきれないこの学校の子供の状況を捉え、そのなかにある基本的な課題を取り出そうとしたものである。そしてそれを受けて、育てたい子供の姿を「自分も人も大切にする子」と書き改めた。

それに対応して、教員の実践課題の第一は、前年度問題提起を行った教員の実践をふまえて、「『よう来たね！』の心で、迎えること」と設定された。

これら2つの年度のビジョンを図7に対比的に示しておく。図の左側が前年度のものであり、右側が実践をとおして見なおしたものである。

図7

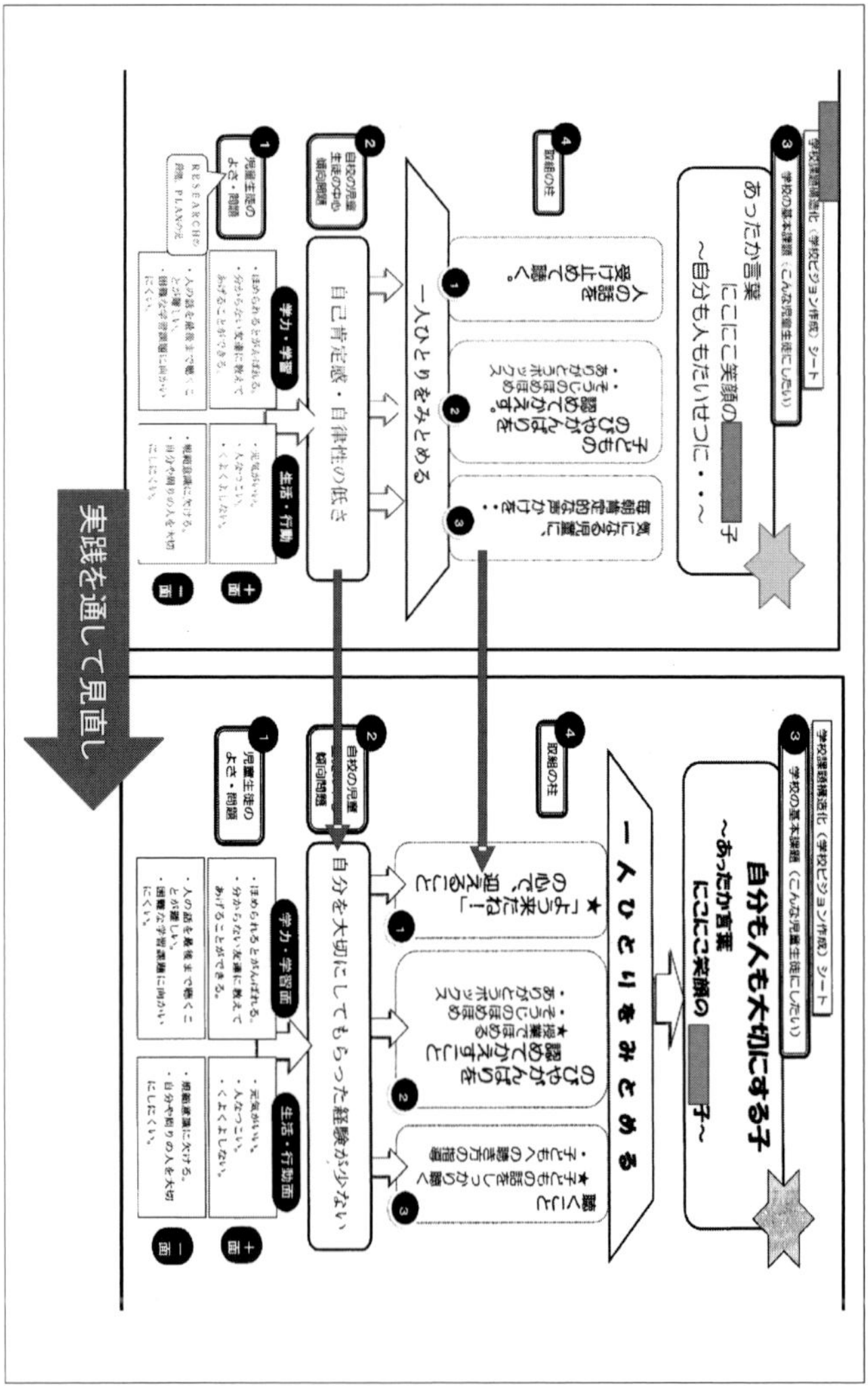
学校課題構造化（学校ビジョン作成）シート
学校の基本課題（こんな児童生徒にしたい）
あったか言葉
にこにこ笑顔の子
～自分も人もたいせつに・・・～
児童生徒のよさ・問題
自校の児童生徒の中心傾向問題
取組の柱
人の話を受け止めて聞く
子どものがんばりを認めてかえす。
気になる児童に、毎朝肯定的な声かけを・・・
一人ひとりをみとめる
自己肯定感・自律性の低さ
学力・学習
生活・行動
実践を通して見直し
自分も人も大切にする子
～あったか言葉 にこにこ笑顔の子～
★「よう来たね！」の心で迎えること
子どものがんばりを認めてかえすこと
★授業でほめること
★子どもの話をしっかり聴くこと
・子どもへの聴き方の指導
一人ひとりをみとめる
自分を大切にしてもらった経験が少ない
学力・学習面
生活・行動面

④校長の推進力と教育活動の組織的な改善

新年度になって校長も交代したが、新校長は厳しい状況にある子供こそ教員がしっかりと受けとめる必要があることを教員にも伝え、この新しいビジョンで教育活動を展開することを推進した。

この学校では、このビジョンの見なおしを経て、教員の課題意識や実践へ向かう意識もいっそう高まった。ビジョンを見なおした年度には、「『よう来たね！』の心で、子供を迎える」実践を全教員が取り組むこととして1学期が始まった。1学期の実践の事実を、夏期休業中の研修（実践交流会）で交流した。そこで報告された内容は、教員が子供を大事にして学校に迎えることについて、積極的に取り組んでいる様子がいきいきと語られたものであった。

例えば、高学年担当の担任教員は、始業時、自分がそれまで使っていた職員室から担当の教室に向かう経路（最短経路）では、児童玄関から遅れ気味に通学してくる児童に会うことができない（つまり、遅れ気味に登校してくる児童に対して声かけができない）ことがわかったので、職員室から教室に直行するのではなく、経路を変更して、児童玄関にいったん向かい、遅れ気味に入ってくる他学年の子供にも声かけをするようにしているとの報告があった。また、若い教員は、朝に子供たちに「よう来たね！」と声をかけることを行っているうちに、朝に子供を迎えることだけでなく、帰るときにも声をかけることが有効だろうと考えるようになったという。そこで、帰りの会のときに「あしたも、来《き》いや」と声をかけることにしているとの実践を報告している。この帰りの会の実践も他の教員の関心を呼んだものであった。他にも、遅刻や忘れ物などが多く、ともすると注意を与えたくなる子供に対して、まず「よう来たね！」と我慢強く言い続けているベテラン教員の実践なども、ユーモアを交えて報告された。

このように、ビジョンにもとづく実践を交流する研修会では、様々な事情で学校に来づらくなっている子供に対して、学校は温かく迎え入れてくれるところだということを実感させる取組を、全教員がそれぞれに工夫をしながら実践している姿や工夫が交流され、教員がそれを確認できる機会となった。子供を大事にすることを基本にした学校づくりが展開され、当初教員を悩ませた問題行動も沈静化し、授業も円滑に進むようになった。

この事例では、いったんとりまとめたビジョンを、その後の教員の実践によって修正するに至っている。ビジョンにそって実践を試みたところ、それが必ずしも子供に適合するものではなかったことを捉えなおしたのである。そして、そうなってしまった（適合しがたい実践を選択した）ことから、再度実態の確認と「根っこの課題」の確認を行い、「根

っこの課題」とそれに関連して設定された「実践課題」が、あいまいで一般的すぎる内容であったことに気づき、自校の子供がおかれている環境や関係に目を向けなおして再設定したのである。その結果、2つのビジョン図を比較するとわかるように、「根っこの課題」は子供の状況について、よりこの学校の子供の実態に即したリアルな内容へと見なおされ、これに対応して、「実践課題」は極めて明確な内容に置き換えられている。これらの見なおしは、実践を通して疑問を感じた教員の情報発信が契機であった。

このように、共創ビジョンの作成と実践は、いったん作成したビジョンを頑なに遵守することをねらいとするものではない。むしろ、教員の実践の確認と検証（小さなサイクル）から学校全体のビジョンの修正を可能にする仕組みとして、ビジョンの作成と実践を結びつけている。

共創ビジョンの作成と実践は、一方が他方を規定する関係ではなく、組織のビジョンと教員のサイクル（実践とそのふりかえり）が、相互に行き来しあう関係として連接しているのである。

2　実践交流型研修の意味と効果とは？

実践交流型研修は、ビジョンを共有した教員がその実践を交流して相互に学びあう場を学校につくることとなる。

レポートとその実践交流会の組みあわせによる研修は、いくつかの効果をもたらす。

まず、その直接的な成果としては、以下の諸点を挙げることができる。

●実践交流型研修を通して、新たな気づきを共有する

第一には、すでに述べてきたように、レポート作成を通して一定期間ごとに教員がビジョンにもとづく実践のふりかえりを行うことになる。これは単に自分の実践を想起するだけでなく、子供の実態ならびに反応を鏡として、その意味と課題を捉えなおすこととなる。

第二には、実践交流会は、ビジョンにもとづく教員の協働的省察を可能にする機会を学校につくることであるから、個人での捉えなおしをさらに深化させることができる。

実践交流会では、このような気づきの深まりや広がりがしばしば見られる。すでに前節の例として紹介した「『よう来たね！』の心で、子供を迎える」ことに関する気づき（子

供の認める視点の転換）もその一例であるといえるが、教員の気づきの深まりと広がりについては様々な事例が実践交流型研修を実施した学校ではみられる。

事例：自主学習ノートのねらいの見なおし

この学校では、自発的に考え行動できる子供の育成を共創ビジョンに掲げて、実践改善に取り組むことにした。教員の指示がないと動けないことが目立つ子供の実態に対して、この学校では、子供が「決める」「すすめる」「ふりかえる」ことを教育活動のなかで実現することを掲げ、実践改善に取り組むことにした。「決める、すすめる、ふりかえる」はこの学校の合い言葉となり、授業、行事、家庭学習など学校の幅広い活動において、この言葉で実践展開を行うこととしたのである。

自主学習ノートを用いた家庭学習についても、子供が自主学習のテーマを「決める」こと、決めたことを「すすめる」こと、そしてどれくらいできたかを自分で「ふりかえる」ことを学年段階に応じて支援することとした。この自主学習ノートへの教員の関わり方について、レポートにもとづく実践交流会の研修を夏期休業中に実施した。

高学年担当のあるベテラン教員が、自分のクラスのある子供の自主学習について、とまどっていることについて付加的な説明を行った。

それは、自主学習ノートにメダカを一匹描いて提出した子供のことであった。担当の教員は、「この子は、こんなことを描いてくるんだけれど、どうしたものか？」ととまどいをグループに述べた。その他の子供は、漢字の練習や算数の計算問題を自分で決めて、自主学習ノートに書いている。それに対してこの子は、一匹のメダカを描いて提出している。

いったいこの子にはどのように関わればよいか、担当教員は率直なとまどいを表明したのであった。この学校では研究主任の努力もあって実践交流会型研修が定着してきており、このような率直な話ができる雰囲気になっていた。グループの教員が自分の経験なども含めていろいろな意見を述べあっていたが、そのなかで別の高学年担当の教員が「なぜこの子供は、メダカを描いたのだろうか？」と、問いなおしの発言を行った。

それは、「犬でも、猫でもなくメダカを描いたことに、何か意味があるのではないか？」という疑問だった。そこから担当教員も含めて検討が焦点化された。「たしかに、メダカを描いてきたことにこの子なりになんらかの意味があるかもしれない。とするとこれは、教員に何かを伝えたかったかもしれない」「この子には、学習がんばろうね、ではなく、例えばメダカが好きなのか？　このメダカはどんなメダカなのかな、とメダカへの関心を受けとめてかえすことが、この子の関心や自発性を育てることになるのではないか？」という意見が出され、グループの意見交換は盛り上がっていった。

交流会後半の全体でのシェアリングでも、この話題が出され、このグループ以外の教員も様々に意見を述べた。そして、自主学習ノートの意味も問いなおされた。つまり、本来作成したビジョンの趣旨からいうと、子供がテーマを決めて自分ですすめるノートであったのであるが、教員の意識では、授業の補充や予習をやることが望ましく（あるいは、そうすることが当然だろうという期待があって）、それ以外の内容は期待されざるものと考えていたのではないか、ということも話題となった。その後、この研修での検討を受けて研究主任らがさらに自主学習ノートの取り扱いについて検討を行い、あらためて自主学習ノートについては、子供が「決める」ことを重視して取り扱うことにすることを確認している。

このように、実践交流会では、レポートの説明を契機として、実践や子供の様子に関する教員のコミュニケーションを開き、個人ではスルーされてしまう教育活動や子供についての気づきをもたらし、さらにそれを共有する契機となっている。

●実践交流型研修を通して、実践的知識を共有する

さて、実践交流型研修の第二の効果は、実践的知識が教員に共有される機会となることである。これにも多数の事例がある。私たちの研究室の初期の研究（佐古・山沖2009）においても、学力改善に取り組む各々の教員の工夫が校内に共有されている事例を紹介しているが、その他にも多くの事例を私自身、実践交流型研修を実施した学校で様々に見聞してきた。

事例：実践的知識の交流

ある小学校では、共創ビジョンを作成し、教員がそれぞれの子供の伸びを認めてかえすことに取り組むことを設定して、教員が様々な工夫を行いながら実践に取り組んだ。2学期の実践交流型研修ではこのテーマのもとで、レポートの報告を行いながら実物を持ち寄って、さらに説明を補足することがなされていた。

ある低学年担当の教員はみずからの実践として「教員や仲間がその子供のよさやがんばりについていろいろと声をかけるようにしているが、それとともに子供がそれを自分で受けとめることが必要ではないか、またどのように受けとめているかを教員が知ることが必要ではないかと考え、

このような取組を行っている」と、簡単なシートを示しながら説明を行った。そして、「毎週末、金曜日の帰りの会のなかで、この一週間のなかで、先生や友だちからいってもらって、うれしかった言葉を一つだけ書きましょう」というもので、Ａ４判の紙に、花びらをデザインしたワークシートを紹介した。これを「言葉の花束」と呼んで学級で取り組んでいることや、それを子供が楽しんで書いていることを話したのである。これを聞いた同じグループの若い教員が「自分のクラスでも使いたい」と、そのベテラン教員に頼んでワークシートをその場でもらっている。この教員は学級経営に課題を感じていたのである。この取組も、研修後半の全体シェアリングで話題になり、次年度から全校で取り組むことになった。

実践交流型研修では、実践の情報交換が頻繁に生じる。教員間での実践や子供の捉え方についての多様な情報の交流共有が活性化することは、とくに若い教員が子供の見方や実践的知識を獲得する蓄積する上できわめて有効であると考えられる。

教員の大量退職とともに、若い教員が急増している。その結果、学校の教員集団は、ベテラン世代と若手によって構成され、ベテランと若手の間のコミュニケーション、とくに子供の捉え方や実践的知識の共有をどのようにしてすすめていくかが、その学校の教育力を規定するとともに、若い教員の成長にも大きく左右する。

　このような状況にあって、大学における教員養成、教育委員会・教育センターなどにおける研修、教職大学院での教育など教師教育関係機関の機能強化と相互連携が必要であることは間違いないところであるが、若い教員の成長にとって最も大きな影響をもつのは、若い教員が日々実践を行っているまさに学校だろう。具体の実践経験にもとづく学びを促し、それに様々な見方や知識を重ねあわせることができれば、上の例のように若い教員にはみずからを伸ばすことのできる学校、若い教員が育つ学校となりうる。

　本書で紹介している実践交流型研修は、教員間のコミュニケーションを開き、様々な情報を交流共有する仕組みとして機能し、若い教員が伸びる学校をつくる上で有効な方法だといえる。実践交流型研修の特徴は、ベテランから若い教員への情報伝達だけではなく、レポートを通して双方向的なコミュニケーションをつくる点にある。つまり、**あらかじめ教える―教えられるという関係を前提とした研修スタイルではなく、それぞれが実践の事実を前にして考えあう関係を構成している**点にある。

●実践交流型研修を通して、教員の学び、教員が育つ学校をつくる

実践交流型研修は、さらに次に示すような派生的効果を学校に及ぼしうると考えられる。

第一には、学校における教員の学び方の改善をもたらすことである。子供の学びについては、「主体的・対話的で深い学び」が求められ、そのための教育実践が求められている。これに対して、学校における教員の学びは、いかなる形で行われているのだろうか？研修とは名ばかりで、情報をもつ者からの一方向的な伝達や連絡・伝達が支配的になっているのではないだろうか。教員の関与（コミットメント）が希薄な、一方向的な情報伝達では、教員の実践改善には結びつきにくいだろう。ここで紹介しているように、実践交流型研修では、まず課題（ビジョン）を共有した上で、教員がそれぞれの実践についてふりかえった内容が相互に発信される。そして、多様な見方や知識が重ねあわされるのである。実践交流型研修は、情報の一方向的な伝達方式の学びではなく、相互に情報を発信し考えあう学びを学校に位置づけることにつながる。

第二には、実践交流型研修は、実践的知識の交流共有だけでなく、ビジョンにもとづいて実践に取り組んでいる教員の姿そのものを相互に確認させる機会となっている。つまり、ビジョンを共有して実践改善に工夫を行っている、教員の思いや意識、意欲が可視化され、

共有されている。知識のレベルのつながりだけでなく、情意のレベルでのつながりを確認して強めあうことにつながる。

第三には、以上のようなビジョンと実践の確認と共有が校内で促される結果として、教員間のつながりが強化されることである。つまり、ビジョンだけでなく、実践とそれをとおした学びを共有することから生じる組織的なまとまり（統合性）の実現である（図8）。

図8

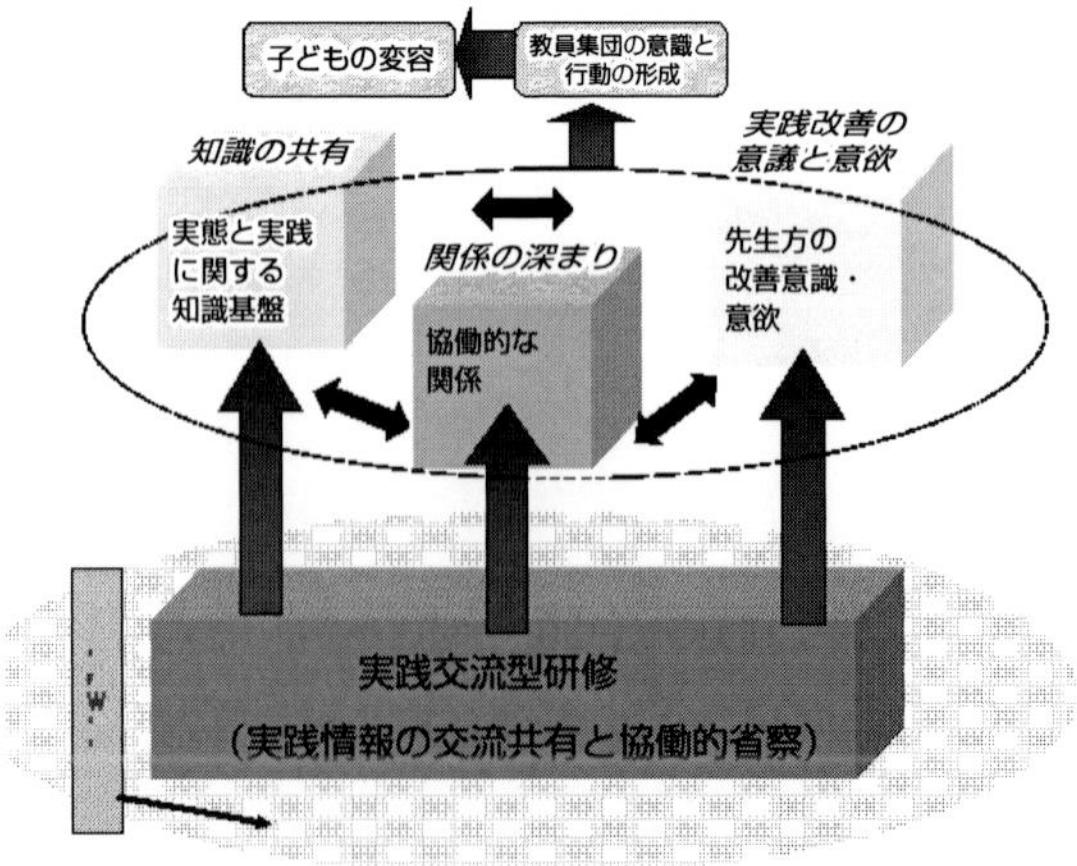

3　共創ビジョンをどのように検証・評価する？

●年度末に教員が当事者意識をもって努力、成果をふりかえる

共創ビジョンの検証評価は、前節で述べてきた実践段階での個々の教員のふりかえりとその共有という形で日常的に行われるのであるが、これとともに、年度末にビジョン全体について総括的に見なおし、次年度に向けての確認もしくは修正を行う。

すでに学校評価を実施することは、学校にとって当たり前のこととなっているが、問題は、それを教員が自分事として捉えているか、そして学校の組織的な教育活動の改善にどう結びついているのか、が不明確なことではないだろうか。保護者や子供に対するアンケート調査そのものが、学校評価ではないことは、学校評価のガイドラインなどでもすでに指摘されている。エビデンスにもとづく評価は重要であるが、何よりも大事なことは、次の実践改善に向けて、教員が当事者意識をもって、みずからの教育活動を評価することである。

私たちの共創ビジョンの取組では、年度末のふりかえり（評価）を以下の手順で行ってきた。まず、評価に用いる共通の資料は、作成したビジョンシートと図9で示したふりかえりシートである。

図9

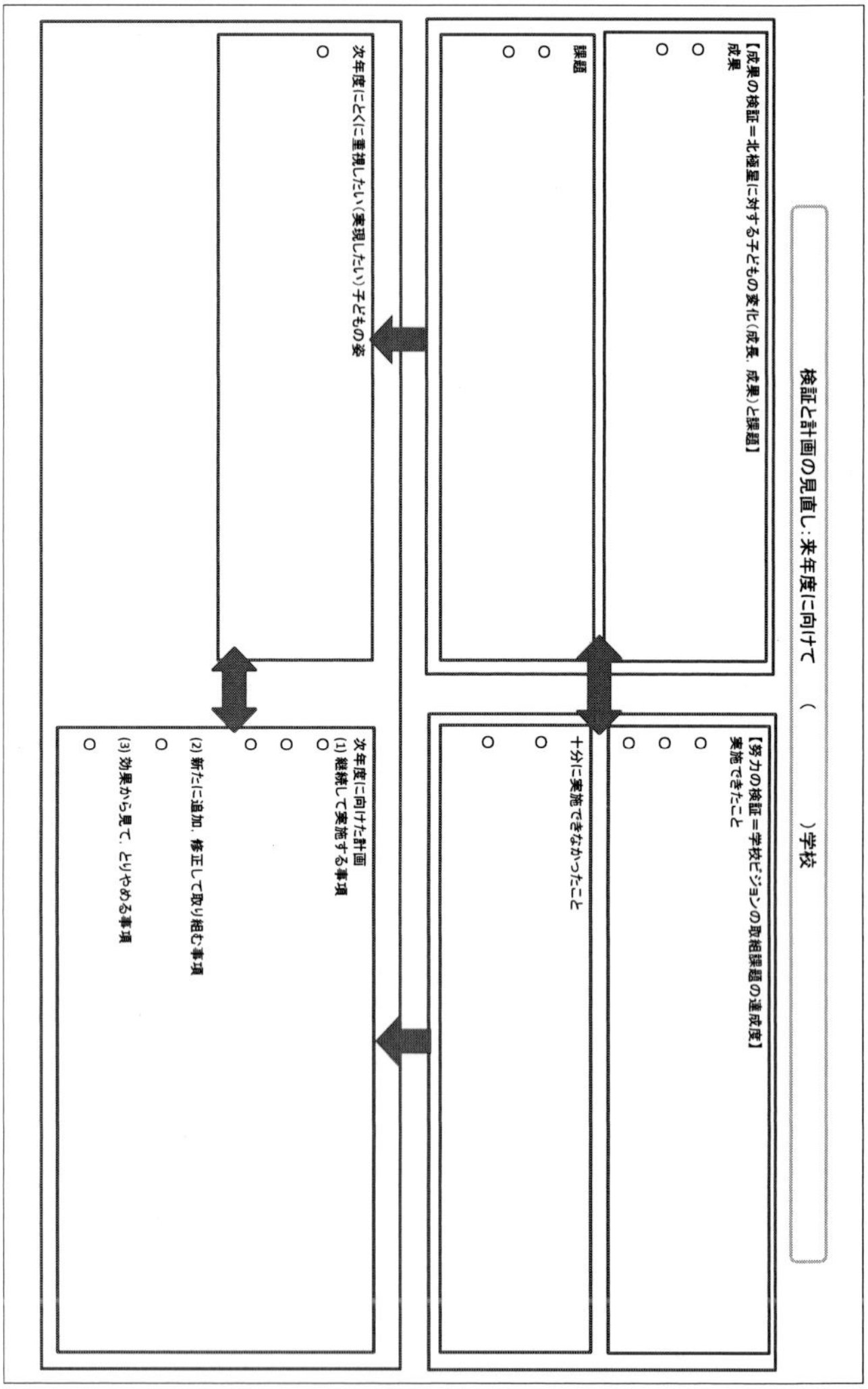
検証と計画の見直し：来年度に向けて　（　　　　）学校
【成果の検証＝北極星に対する子どもの変化（成長，成果）と課題】
成果
○
○
課題
○
○
【努力の検証＝学校ビジョンの取組課題の達成度】
実施できたこと
○
○
○
十分に実施できなかったこと
○
○
次年度にとくに重視したい（実現したい）子どもの姿
○
次年度に向けた計画
(1) 継続して実施する事項
○
○
○
(2) 新たに追加，修正して取り組む事項
○
(3) 効果から見て，とりやめる事項
○

●ビジョンシートを基準に「育成課題」と「実践課題」をふりかえる

ふりかえりは、ビジョンシートを基準として実施する。

ふりかえる対象は、ビジョンにおける2つの課題、つまり、「育成課題」と「実践課題」の2つである。

「実践課題」のふりかえりとは、ビジョンにおける教員の実践改善に対するふりかえりであり、これは、学校の努力のふりかえりである。一方、「育成課題」のふりかえりとは、教育活動の成果としてどれほど子供が望む方向に変容したか、つまり成果のふりかえりである。つまり、ビジョンを基準にした努力のふりかえりと成果のふりかえりを行う。

ふりかえりの手順は以下の通りである。

①努力のふりかえり＝「実践課題」の検証評価

教員がビジョンにもとづいて実践したことをふりかえり、できたこと、できなかったことを明らかにする。

②成果のふりかえり＝「育成課題」の検証評価

子供の変化や反応として、「育成課題」（北極星）の方向に子供が変わってきたこと、ならびに変わり切れていないこと、新たに見えた課題などを明らかにする。

これらを、あらかじめ教員がメモなどで準備し、持ち寄り研修時間を活用して整理する。教員からの情報を全校で確認し、図9の上半分に記述していく。

③「実践課題」の見なおし

次年度に向けて、「実践課題」について、今後も継続して実践する事項、中止する事項、さらに修正する事項などを検討する。これをシートの下部右半分に記入する。

④年間の実践をとおして、「育成課題」を修正する必要がある場合にはそれも検討し、シートの下部左半分に記述

このふりかえりをもとに、新年度には、新しく加わった教員を含めて、旧年度のビジョンシートとそのどこを修正するかについて、校内研修などで検討し、確認する。

とくに、教員が入れ替わることによって、「実践課題」がなぜそうなっている（そう決めた）のかなどについては、新しい教員にはなかなか理解できない場合がある。やるべきことは理解しても、その理由、根拠が把握できないのである。学校の子供の実態とその「根っこの課題」について、とくにビジョンの説明と新しい教員を含めた検討確認が必要である。

第3章　本書のまとめと理論的な背景

1　学校組織の課題とは？

本書では、内発的な改善力を高めるための学校組織のマネジメントについて、具体的な方法論を中心に述べてきた。

この章では、これまでの内容について、その理論的な背景について整理しておきたい。

学校教育の具体（例えば授業）は、教員によって担われ、教員と児童・生徒、ならびに児童・生徒間での相互作用によって展開されていくものではあるが、同時に教育活動は、学校という組織において遂行されており、その枠組みによって規定されている。またそれとともに、教員の意識と行動によって組織としての学校の姿が形づくられている。

これからの学校教育の在り方を考えるとき、教員の資質や能力の向上が一つの鍵となることは間違いないが、あわせて複雑化しつつある教育課題に対応できる学校、そして急増している若い教員が学び育つ学校をつくっていくことが、重要な課題になっている。学校が組織として機能することの必要性がたびたび表明されているところである。

組織としての学校の特徴を捉えた場合、形態的には官僚制組織に類似した側面をみることができるが、同時に組織における仕事のすすめ方（職務遂行）に着目してみると、特徴的な姿をみることができる。それは、教育活動の遂行における教員の裁量性（教員による判断や選択）を内包する組織であるという点である。これは、教育活動の不確定性（何がよいかあらかじめ予測できない、児童・生徒の多様性のため教育活動の標準化がしにくいなど）という教職の特徴を反映した組織としての特徴である。

しかしながら、教員の裁量性を保持した組織とは、教員が自己完結的に教育活動をすすめる傾向を有する組織であるともいえる。それぞれの教員がみずからの判断や力量で教育活動や子供の課題に取り組むことが常態（当たり前）となっている組織であるからである。この点に着目すれば、学校は個業型組織として特徴づけることができる。個業型組織としての学校では、管理職による組織的統制が困難な組織であり、同時に、教員間のつながりも希薄となる傾向を有しているのである（疎結合構造性　Weick 1976）。

個業型の組織は、直面する課題が担当する教員の力量の範囲で処理可能な場合には機能的な組織であるが、それを越えた場合には、つまり個人の力量を越えた課題については対応がしにくく、脆弱な組織となる。このことは、総務省によって公表された、いじめの重大事態の要因分析などからも示唆される。

2　どのような学校づくりをねらいとするか？

それでは、このような学校をどのように改善ないし変革することが考えられるだろうか？

これについては、単に学校を組織として機能させる必要性を指摘することで済ませることのできる問題ではない。教育活動を遂行する学校を、どのような組織として成立させるべきか、及びそれに対してどのような方法論が構想できるかを、明らかにすることが求められているのである。

このことを考えるために、まず何のために学校の組織化をはかるかという、組織化の目的に関する前提をふまえておかねばならない。

それはいうまでもなく、日々の教育活動を主体的・能動的に改善していくことのできる組織としての学校の実現である。これは、教員が日々の教育活動とその改善に主体的・能動的に取り組む学校であり、同時に個々の教員が取り組む教育活動にまとまり、つながり（組織性）を有する学校である。あえてこのような、わかりきったことを述べる理由は、組織としての統制や統合が機能していること自体が、目的となってはならないと考えるからである。

教員が教育活動とその改善に積極的に取り組むためには、そのことに主体的・能動的に関与することが不可欠となる。教育活動は「指示されたことをこなして終わる」ことでは終息せず、決められたことを実行した上で、さらになお児童・生徒の実態をふまえて必要な実践を考え、実践していくことが求められるからである。そのため、学校の組織の在り方を考えるとき、組織としてのまとまり、つながりを求めるあまり、教員の自律的な教育活動とその改善への関わり方を阻害するものでは有効ではない。

本書では、そのような立場から、教員の教育活動の改善へのコミットメント（自律性）と、組織としての教育活動のまとまり、つながりをともに実現するための方法論を探究したのである。

3　学校の組織化に関するプロセスモデルとは？

本書では共創ビジョンの形成と実践による教育活動の組織的な展開の具体について述べてきたが、ここでは、これらの方法論の基礎となっている考え方について、概念化し整理しておこう。

本書で述べた方法論は、以下の2つの基本的な仮説的なモデルにもとづいて、教員の教育活動の改善へのコミットメント（自律性）と、組織としての教育活動のまとまり、つながりをともに実現するための方法論（学校の組織化に関するプロセスモデル）を構築しようとしたものである。

第一には、教育活動の漸進的な改善に関するモデルである。言い換えると、教員の教育活動が少しずつ改善していくプロセスに関するモデルである。これについては、教員が内発的に教育活動に動機づけられることを重視し、次のようなモデルを構成した。すなわち、子供の実態（子供のよさ、問題など）の認識⇓それに関する課題形成（教員側の教育活動の修正、改善に関する構想）⇓実践⇓子供の実態による確認⇓次の課題⇓という連続的なプロセスである。

これは、極めて単純化すれば、子供の実態から教育実践に関わる課題を見いだし、それを実行し、そしてその意味を再び子供の実態によってたしかめ、次の課題に移行するというものである。おそらく、教員が子供に向きあって意図的に教育活動を行い、改善していく場合には、このようなプロセスを辿ることが想定される（図１０）。

このプロセスが成立している限り、教員の実践は、子供の実態に即して捉えなおされ、在り方を問い、それによって少しずつ進展していくと考えられる。非常にシンプルであるが、子供の実態を準拠点として教育活動が、少しずつ進展していくプロセスをこの図は示している。

ちなみに私たちは、このプロセスを、教員が教育活動をとおして子供の変容を捉え、みずからの

図10

実態⇒課題⇒実践サイクル（元気サイクル）

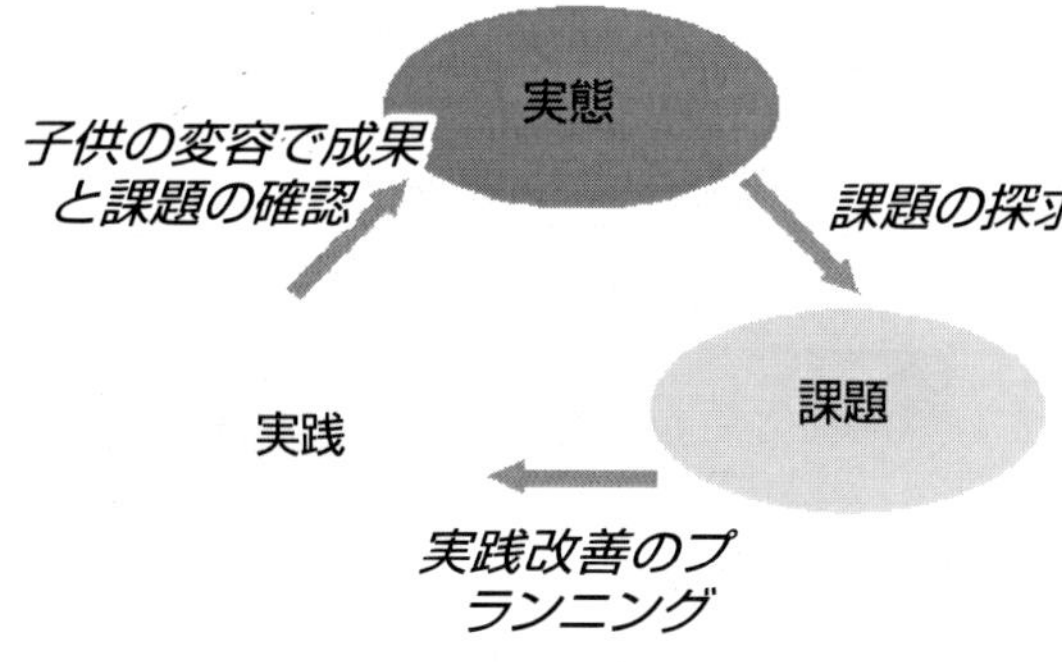

実践を主体的に変えていくプロセスであることから、**「元気サイクル」**と呼んでいる。

ここで、教員がこのプロセスを内発的に進展させるためには、言い換えると教育活動の改善過程を内発的にすすめるには、古川（1990）などによると、2つのポイントがあるように思われる。一つは、行為選択における自己決定性であり、二つ目には、行為と成果の関連性の認識による自己効力の認識である。自己決定については、教員自身によって子供の実態から課題を形成しそれを選び取ることが重要であり、効力感については、自身の実践による子供の変容や反応を認識（実感）できることが重要となる。つまり、みずからの働きかけによって子供が変わったと実感できることである。これらは教員が教育活動の改善に対する内発的な動機づけの要因として作用する。教員が教育活動の改善に主体的・能動的に取り組もうとする動機づけとして、もっとも強く作用するのは、おそらく子供が教育活動のなかで育ち変わってきたことを実感できる場合だろう。つまり、実践⇓実態のつながりが実感できたとき、とりわけ子供の実態をふまえて工夫をした実践が子供の変容につながったと実感できたとき、教職の充実感とやりがいを感じることになるのだろう。これらによって、さらに一歩踏み込んだ次の課題へ向けて教育実践を構想することができると考えられるのである。

第二の仮説的モデルは、教員間での認識や情報の共有に関するモデルである。

児童・生徒の実態と課題に関する認識を、教員個人のレベルではなく、教員集団の共有認識として形成し、そこから見いだされる自校の児童・生徒の課題についても、個別教員の個人的課題としてではなく、学校として追求すべき課題として形成する。

つまり、実態⇒課題⇒実践の認識を学校として共有するモデルである（図11）。

図11の状態は、子供の実態に即して子供の姿を鏡として、学校の教育活動を組織的に（大きなサイクル）、同時に個人的に（小さなサイクル）見なおし改善を積み上げていくサイクルが動いている学校の状態を示している。

図11

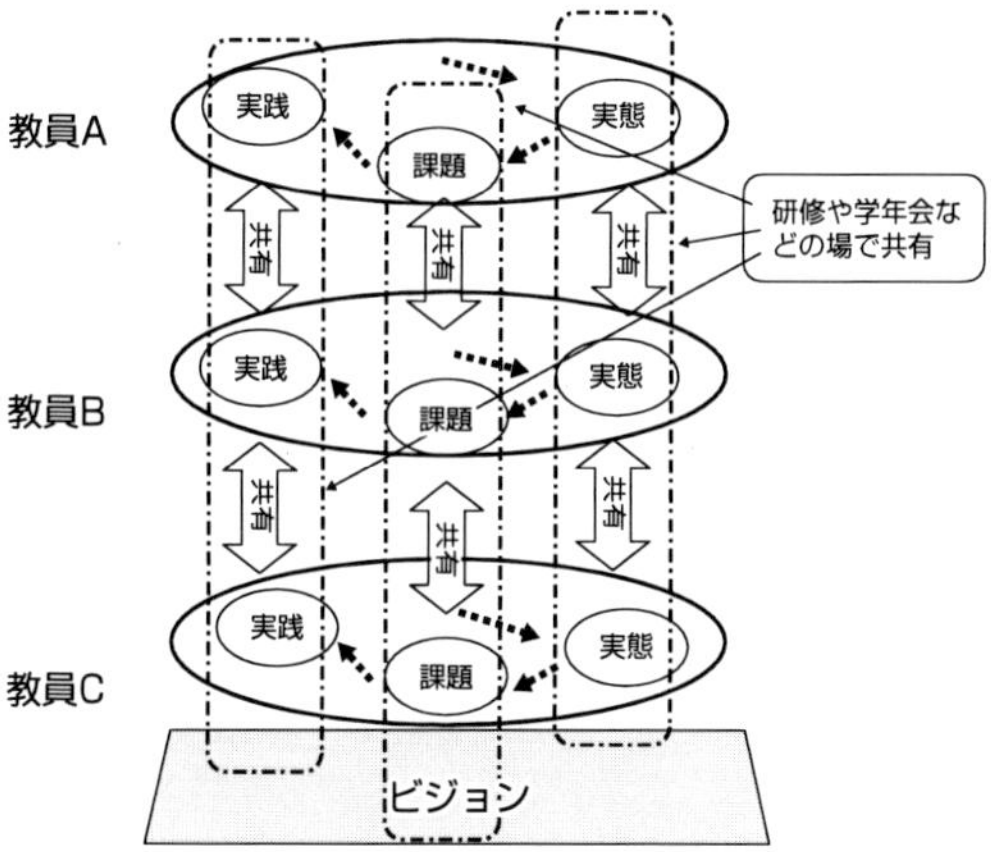

これは、児童・生徒の実態の認識に関する教員間のコミュニケーションを開き、そこから共有すべき実態を形成すること、ならびにその実態の背後（基底）にある課題を探究設定することとして具体化できる。そしてそれにもとづいて、教員がともになすべき実践（改善）の在り方を検討し、実践していく、という流れを学校に位置づけることで、組織としての実態認識、課題形成、行動プランの策定をすすめ、なおかつ教員としての自律的な教育活動改善への関与を実現しようとする考え方である。

このモデルの特徴は、課題形成以前に児童・生徒の実態の認識の段階から、教員が集団的・協働的に取り組むことを組み入れていることである。これは、組織経営論において重視されてきた協働論が、組織目標を前提として、そのもとでの構成員の協力体制に着目していたことに対して（所与目標性）、実態の認識から課題形成そのものの段階における集団的・協働的な取組を重視するものである。学校組織においては、教育活動に関する目標共有そのものが困難であり、明示的な組織目標を所与として組織化を構想することがむずかしい（適切ではない）と考えられるがゆえに、組織における協働は課題形成段階を含めて捉えるべきであると思われる。

また、このような児童・生徒の実態認識から着手して、課題形成、実践改善に至る筋道は、当該学校の教育活動の帰結として捉えられる児童・生徒の現状を捉えなおし、そのことの要因を探究し、学校の教育活動の改善方策を考案、実行するという筋道といえるものであり、児童・生徒の実態を鏡として、教員が協働的に省察的に学校の教育活動を捉えなおしていく過程であるといえる（協働的省察過程）。

さらに、従来のマネジメントサイクルとして広く知られている、ＰＤＣＡ（古くはＰＤＳ）サイクルと対比すると、プランニングから着手するサイクルとしてではなく、それに先立つ実態認識を丹念に行うことからスタートするサイクルとして定式化することができる。この点に着目すれば、ＰＤＣＡと呼ぶよりも、Ｒ（Research：実態の確認認識）－ＰＤＣＡと呼ぶことが適切であると考えられる。

実態⇓課題⇓実践のサイクルは、組織レベルでビジョンを作成・実践するためのプロセス（大きなサイクル）であるとともに、各教員がビジョンをもとに実践をふりかえるためのプロセス（小さなサイクル）でもある。このような大きなサイクルと小さなサイクルが連動している学校においては、実践的な知識の共有、ビジョンにもとづく実践改善への意識や意欲の共有、そしてそれらをとおして教員間の結びつきの強まりなどが期待できる。これによって個業に拡散している学校ではなく、協働して学校の教育活動を改善することに取り組める学校組織に近づくと思われる。同時にこの状態は、「やらされ、こなす教育活動」ではなく、子供への期待と必要性の認識にもとづく教育活動を教員が主体的かつ協働的に展開する状態であるともいえる。

この点で、共創ビジョンの作成と実践の取組は、教員が目標を共有してともに協力しあうとともに、主体的に教育活動の改善に取り組もうとする学校、協働的な組織文化を基盤とする学校づくりにつながると考えられる。

4　共創ビジョンの作成と実践を支える組織体制と運用とは？

さて、上記のプロセスを学校において実現していくためには、それを支える組織体制を整えることが必要である。本節では共創ビジョンの作成と実践を支える学校の組織体制と運用について、説明しておく。

これまで述べてきたように、共創ビジョンの作成と実践の基本的な考え方は、一貫して教員が自校の子供の実態をふまえて、協働して考え取り組むところにある。したがって、実態⇓課題⇓実践⇓のプロセスを、教員が共有して展開することが必要となる。それを実現するためには、以下のような考え方で既存の学校組織を運用する工夫が有効である。

一つは、実態認識の確認から始まる一連のプロセスを、教員が参画して展開していく場を学校に設定することである。

具体的には、まず、校内研修などの時間を用いて、教員がビジョンの検討を行ったり、それに続く実践の交流を行ったりする場（時間）を設定する。ここでは、すべての教員が入り、すでに述べてきたように、子供の実態の確認、整理から始まり、「根っこの課題」の検討などを行う。方法的にはブレーンストーミングやＫＪ法などを応用した、ワークショップ型研修の手法などを用いる。必要に応じて教員の参画が可能なように、5人程度のグループに分けて運用する。

この教員の参画にもとづく実態⇓課題⇓実践に関する協働的省察の場を、**「コアシステム（CS）」**と名づけている。これは、学校の組織化の中核的な組織体制という意味である。コアシステムでは教員の参画体制が整えられるが、他方ではそれだけでは情報の集約整理が困難な場合が生じる。例えば、いくつかのグループに分かれて子供の実態を出しあい、グループで整理したことを、グループをまとめて全校的に整理する場合などである。話しては消え、また話しては消えていくことに終始することにもなりかねないからである。そのため、コアシステムでの情報を総括的に整理集約する役割が必要となる。

共創ビジョンの考え方では、このような役割を担う教員グループをおくことにしている。これは新たに校内組織を編成するのではなく、例えば研究推進担当の委員会にその役割をもたせたり、企画委員会にもたせたりすることで運用できる。重要なことは、コアシステムで出された教員の情報をとりまとめて、コアシステムにフィードバックする役割を校内におくことだけである。このフィードバック役割を有するグループを、コアシステムの展開を促進支援するという意味で、**「ファシリテートチーム（FT）」**として位置づけている。

コアシステムとファシリテートチームの相互関係は、図１２に示すとおりである。

これら２つの組織は、教員が実態⇓課題⇓実践⇓のサイクルに参画する場としてのＣＳとそのＣＳにおいて交流された情報をその都度整理し、ＣＳにフィードバックしていくＦＴという関係で、学校の組織化を進展させていくのである。

共創ビジョンの作成段階では、ＣＳとＦＴは次のように連動する。

まず、ＣＳでは子供の実態を全教員が参画して交流・整理する。それをグループでいったん集約する。ＦＴは、各グループでの整理集約を収集し、グループ間での共通性などに着目して全体整理を行う。ここで全校的な観点からの子供の実態について整理され、それをＣＳ（研修会など）で説明確認する。それをもと

図12

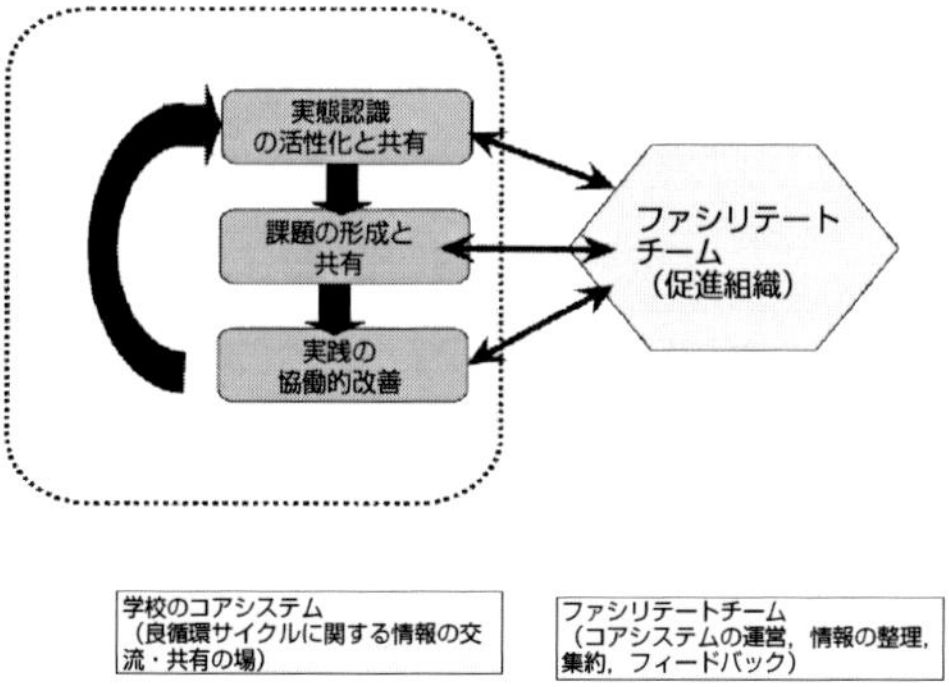

にして、「根っこの課題」についてＣＳで意見を整理する。それを再びＦＴで集約し、とりまとめた結果をＣＳにフィードバックするというものである。このように情報を出して交流する機能、集約整理する機能を、ＣＳとＦＴで分担しながら、少しずつとりまとめていくのである。

共創ビジョンの実践段階では、ＣＳでは、レポートをもとにして実践と子供の事実について情報が出され、交流される。ＦＴでは全体シェアリングで出された意見や課題をとりまとめ、実践の改善の方針やビジョンの見なおしの観点などについて、教員にフィードバックしていくという具合である。

5　理論構築のための実践研究にはどのようなものがある？

本書では、主として高知県教育センターと共同ですすめてきた学校コンサル事業において展開してきた実践をふまえて、方法論について解説してきた。この方法論に至るまでに、鳴門教育大学大学院において、実践研究を蓄積している。

以下に主要な研究を挙げておく。

①佐古秀一・中川桂子　２００５　教育課題の生成と共有を支援する学校組織開発プログラムの構築とその効果に関する研究―小規模小学校を対象として―　日本教育経営学会紀要　４７　９６-１１１.

②佐古秀一・山沖幸喜　２００９　学力向上の取り組みと学校組織開発―学校組織開発理論を活用した組織文化の変容を通した学力向上取り組みの事例―　鳴門教育大学研究紀要　２４　７５-９４.

③佐古秀一・竹崎有紀子　２０１１　漸進的な学校組織開発の方法論の構築とその実践的有効性に関する事例研究　日本教育経営学会紀要　５３　７５-９０.

④佐古秀一・寺田裕・中妻佳代　２０１２　児童生徒の基本課題の共有と達成をねらい

とする学校組織開発の実践とその成果　鳴門教育大学学校教育研究紀要　２７　１‐１１．

⑤佐古秀一・住田隆之　２０１４　学校組織開発理論にもとづく教育活動の組織的改善に関する実践研究　鳴門教育大学学校教育研究紀要　２８　１４５‐１５４．

【引用文献】

Edmonds,R 1979 Effective Schools for the Urban Poor, *Educational Leadership Oct*, pp.15-24.

古川久敬　１９９０　構造こわし　誠信書房.

Hage, J. 1965 "An Axiomatic Theory of Organizations" *Administrative Science Quarterly*, Vol.10, pp.289-320.

佐古秀一　２００６　学校組織の個業化が教育活動に及ぼす影響とその変革方略に関する実証的研究　鳴門教育大学研究紀要　第２１巻　４１-５４.

佐古秀一　２０１３　学校組織マネジメントの考え方と進め方―内発的な改善力をたかめる組織マネジメントの理論と実践―　平成２３-２６年度科学研究費補助金「論拠と実践的有効性が明確な学校組織マネジメント教育プログラムの開発」報告書（研修資料）.

佐古秀一　２０１８　学校経営改善の実践的研究―組織開発論的なアプローチ―　日本教育経営学会編　教育経営における研究と実践　学文社.

佐古秀一・大林正史・藤井伊佐子　２０１６　学校マネジメント研修におけるリフレクション喚起型事例検討の

展開過程と効果に関する実践研究　鳴門教育大学研究紀要　第３１巻　９９-１１１.

佐古秀一・山沖幸喜　２００９　学力向上の取り組みと学校組織開発　鳴門教育大学研究紀要　第２４巻　７５-９３.

佐藤学　１９９２　反省的実践家としての教師　佐伯胖・汐見稔幸・佐藤学（編）学校の再生をめざして２―教室の改革―　１０９-１３４　東京大学出版会.

センゲ，P．M　２０１１　学習する組織　英治出版.

シルバー，P　１９８６　組織構造：公理理論　シルバー，P（著）岸本孝次郎・青木薫・岡東壽隆（編訳）教育経営学の基礎理論　３４-６４　コレール社.

Weick, 1976 Educational Organizations as Loosely Coupled Systems, *Administrative Science Quarterly*, vol.21, pp.1–19.

【著者紹介】

佐古　秀一（さこ　ひでかず）

国立大学法人鳴門教育大学理事・副学長

管理職のための学校経営Ｒ－ＰＤＣＡ

内発的な改善力を高めるマネジメントサイクル

2019年３月初版第１刷刊 ©著　者　佐　古　秀　一

発行者　藤　原　光　政

発行所　明治図書出版株式会社

http://www.meijitosho.co.jp

（企画・校正）赤木恭平

〒114-0023　東京都北区滝野川7-46-1

振替00160-5-151318　電話03(5907)6702

ご注文窓口　電話03(5907)6668

＊検印省略　組版所　株式会社アイデスク

003-001

Printed in Japan　ISBN978-4-18-112910-1